Testament d'un paysan en voie de disparition

Paul Bedel

• avec
Catherine École-Boivin

Testament d'un paysan en voie de disparition

Préface de
Claudie Gallay

Les Éditions Retrouvées

Les Éditions Retrouvées, 2015
avec l'autorisation des Éditions Presses de la Renaissance
ISBN : 978-2-36559-101-0

À Françoise et Marie-Jeanne Bedel
aux femmes de terre et de mer.

Préface

Je me souviens de la première fois où j'ai vu le phare en arrivant par Auderville, la descente sur le petit port de Goury. Ce jour-là, les arbres étaient balayés par le vent, ça sentait le sel, avant de voir la mer je savais qu'elle était là.

Et ce fut un choc.

Ce besoin ensuite de revenir.

Et de connaître l'histoire de cette terre. D'approcher les hommes qui la peuplent.

C'est une voix de cette terre que Catherine École-Boivin nous offre d'entendre dans ce livre. Celle de Paul Bedel, agriculteur né à Auderville, village où il a grandi, vécu. Il est une des mémoires de la Hague.

Pour écrire ce livre, elle est allée recueillir ses paroles, répondant ainsi à la nécessité pour chacun de nous de ne pas perdre la trace de nos origines. Elle lui a rendu visite souvent. A capté ses mots, ses souvenirs.

J'ai voulu voir la pièce où avaient eu lieu leurs échanges. J'ai téléphoné à Paul et il a accepté de m'ouvrir sa porte. Je me suis retrouvée assise à la table dans la cuisine, à côté de la grande pendule, et il m'a raconté sa rencontre avec Catherine École-Boivin. Il m'a montré une chaise : elle se mettait là, elle m'écoutait, elle avait un truc avec lequel elle enregistrait…

Avec le temps, la confiance entre eux a grandi, il lui a prêté ses carnets.

Le livre s'est écrit, un livre confidence dans lequel chaque page nous dévoile les gestes minutieux d'un homme qui a travaillé la terre et s'en est nourri. Une vie de labour dans le respect du sol, car Paul Bedel a nourri ses vaches, il a fait pousser ses légumes sans jamais utiliser d'engrais chimiques. Seules les algues qu'il allait ramasser sur la grève. Il reconnaît en souriant que le rendement n'est pas le même…

Ce livre a le bon goût du beurre d'antan, des œufs frais, des asperges, il sent la mer, le vent, les larmes aussi, celles que Paul Bedel a versées quand, l'âge arrivant, il a dû se séparer de ses vaches.

Paul Bedel parle vrai, sans détour. Il s'interroge sur le monde, pose des questions essentielles, à quoi bon produire plus, posséder plus ? Avons-nous tant besoin ? Dans ce livre, il nous parle du sol vivant, de la manière de l'aérer. L'homme n'est pas donneur de leçons, il apporte juste son témoignage.

Il rit, raconte sans nostalgie le temps d'autrefois, l'enfance, la guerre, l'amour perdu. À la fois d'un autre temps et pourtant très contemporain, il avoue ne pas avoir besoin de ce qui s'achète, seulement de silence.

Paul Bedel a pratiqué la plus simple des agricultures. Lui qui s'est souvent fait traiter d'arriéré ne reste pas un jour sans recevoir de visites, des gens qui viennent de loin, font le détour par Auderville. Des élèves aussi, venus de lycées agricoles, qui se déplacent jusqu'à lui.

Tout au long de ces pages, Catherine École-Boivin a su capter l'humour formidable de l'homme qui reconnaît être sans doute resté trop en arrière et gronde doucement que nous sommes peut-être allés trop loin.

Il se confie sans retenue, simplement, et d'un geste des mains nouées devant lui, il montre son cœur.

Le cœur, il dit que tout vient de là.

Cette façon de se taire aussi quand il s'agit de la Cogema.

Les gens de la Hague s'adaptent tant bien que mal à la marche du monde. Paul Bedel fait de même.

Après avoir été agriculteur, l'homme devient passeur, transmetteur d'une mémoire vivante, celle d'un monde qui prend fin.

Son témoignage, au travers de la plume de Catherine École-Boivin, nous interroge sur ce que nous étions et sur le sens que nous voulons donner à notre avenir.

De quoi tirer un sage enseignement et s'attacher un peu plus à cette terre de liberté si douce à mon cœur.

Claudie Gallay

Le temps

J'suis un paysan sans histoire, un matériel d'avant-guerre, né le 15 mars 1930 « à la ferme », dans une petite commune de la Hague, au bout de la terre d'Auderville.

Je m'appelle Paul Bedel.

Jeune sacristain, quand je sonnais le trépas, je souriais sans penser à mon dernier moment. Je tirais à bras, ça tirait dur. C'est long, quand t'es seul pendu au bout d'une corde ! Pauvre Gusto ! Le corps suivait, je rendais hommage à ma manière au bonhomme ou à la bonne femme s'envolant pour le paradis. Ça pouvait durer jusqu'à une demi-heure, suivant le niveau social de la personne morte.

Ça et le travail de la terre, ça m'a fait les muscles et les os. Maintenant qu'on est au tout-électrique, j'actionne trois manettes et j'annonce. Chacun dorénavant a le droit au même temps de cloches. Notre campanile en possède deux. C'est pas plus mal, le même temps pour tous, puisque, dans le cimetière, t'es plutôt dans le bas niveau pour tout le monde.

À vrai dire, aujourd'hui je gagne quelques minutes sur ma retraite de paysan, car je suis très occupé. Mes heures sont comptées de par tous les bouts de par où je me trouve, dans mes activités comme dans ma vieillesse.

Trois tours de chaque bitoniau, et les cloches sonnent seules. J'écoute si elles démarrent, elles carillonnent faux parfois. Puis je referme la sacristie, je glisse la clé dans mon paletot, je me signe à genoux.

Dehors, je prends un coup de *vouêtie* (vent frais), je replace ma gapette sur mes oreilles. Mes pas crissent sur le gravier blanc du cimetière. Je me dépêche, brimbalant ma silhouette crochue d'avoir trop porté sur mon dos.

Je déboule dans ma rue.

Un petit regard vers la mer, une bonne brise court sur l'eau.

Un petit coup d'œil sur ma girouette en forme de vache sur mon étable, je hume l'air à la manière de mes ancêtres, de l'homme qui sait parce qu'il a regardé. Les vents n'ont pas changé.

Un bonjour pincé à une *vaésaine* (voisine) qui promène son pulvérisateur, son chien. Il pisse sur notre bel hortensia dont maintenant les feuilles ont cuit. Heureusement elle ne vient que le week-end ! En semaine, la pauvre plante tente de reprendre le dessus.

Je rentre à la maison, le téléphone sonne déjà ! Un des paroissiens m'appelle pour me demander :

— Paul, c'est qui qu'est mort ?

Invariablement je réponds :

— Ben c'est pas moi !

Actuellement, cette petite blague me donne encore bien du plaisir, t'as pas idée. Si tu réponds au téléphone encore haletant d'avoir galopé jusqu'à l'église, tu te dis que t'es encore vivant. Et l'autre, au bout du fil, te rouspète :

— Veux-tu être sérieux, Paul ! J'sais que c'est pas toi qu'es mort puisque tu me réponds, bougre d'*innochent* !

Certain que dans la vie vaut mieux être un nigaud vivant qu'un nigaud mort ! Seulement dans les autres communes, Paul sonne pas le trépas.

Parfois je reçois des coups de fil peu réjouissants. La roue tourne pour les êtres aimés.

Pour moi qui arrive à échéance, ce sera un autre jour.

Aimer

Début 2008, un jour de brume, de beau temps quand même, le téléphone a sonné à Auderville. Je tenais le combiné du bout des doigts, car je venais de rentrer des patates pour le souper et la terre me collait aux mains. J'ai écouté tranquillement puis j'ai raccroché en précisant :

— Je viendrai demain.

Le lendemain j'ai pris ma voiture, j'ai prévenu mes sœurs de mon absence pour la journée. Comme toujours, Marie-Jeanne, la cadette, m'a préparé mes patchs pour le cœur, mes bonbons à sucer au réglisse et des madeleines. Elle m'a demandé, l'air inquiet, en me voyant faire grise mine :

— Où qu'tu vas ?

— J'sais pas.

Je voulais rien dire, car à ce sujet j'ai jamais rien dit à personne, même pas à la personne concernée.

J'ai parcouru des dizaines de kilomètres, pourtant je n'aime plus conduire. Des dizaines d'arbres et de haies, de stops, de cédez-le-passage, de feux, de voitures, de camions plus tard, le vert du bocage m'est apparu. Il apparaît d'ailleurs lorsque soudain, en s'enfonçant dans la Manche, on ne sent plus le même air, l'air de la mer, l'air de la presqu'île de la Hague.

J'ai reconnu la petite ferme, pourtant je l'avais laissée là depuis presque cinquante ans.

On m'a accueilli gentiment.

Je suis monté dans sa chambre. Son corps reposait paisible, ses cheveux blancs remis en chignon, elle ne les avait donc jamais coupés. Je ne l'ai pas reconnue, mais elle ne devait pas me reconnaître elle non plus de là-haut. Je me suis assis sur la chaise de paille et j'ai regardé les photographies de ses enfants, de son mariage, de ses petits-enfants soufflant leurs bougies d'anniversaire.

Et ma vie s'est déroulée tranquillement d'un coup devant moi, ma vie en un mot. La fois où je l'avais embrassée avec les yeux, un été où je lui avais pris la main durant deux petites heures le temps d'une promenade entre jeunes, une réunion entre paroisses, juste après guerre. Ces quelques heures dans mon souvenir se sont prolongées durant des années. J'avais pensé alors qu'elle deviendrait ma femme et que je lui demanderais de m'épouser.

En marchant avec sa main dans la mienne, j'avais eu le sentiment de l'amour.

Il me traversait pour la première fois. Je ne l'ai connu que deux coups dans ma vie.

Mais dans mes dix-sept ans d'alors, j'avais eu trop à penser et j'avais reporté ma demande, sans me déclarer.

Je regardais sa dépouille déjà depuis un moment de temps quand l'émotion m'a pris, mais je n'ai pas pleuré. Les larmes, c'est quand on regrette et qu'on se sent coupable de quelque chose.

Ma jeunesse défilait dans cette chambre où le corps d'une femme morte dans mon cœur depuis si longtemps reposait.

Longtemps dans ma vie jusqu'ici, j'ai prié pour elle, pour le choix qu'elle avait fait — le bon choix — pour son bonheur.

Elle ne m'a pas choisi comme fiancé puis comme mari, c'est ainsi. Quel cornichon ! Je ne lui avais pas dit que je l'aimais tellement j'avais eu peur qu'elle me refuse, que mon père me la refuse, que son père aussi me la refuse. Je me sentais si minuscule vis-à-vis d'elle, de par le fait peut-être que j'avais obtenu mon certificat d'âne, de ne pas avoir eu mon certificat d'études. J'ai revu mon chagrin durant mon service militaire, quand j'avais appris qu'elle s'embarquait avec un autre, trois ans après notre promenade si sage. Puis ma grosse déprime, lorsqu'elle s'est fiancée.

Tu vois, elle était là, avec ces années passées et sa mort qui l'avait prise. Et j'ai revu ce jour, alors qu'il était encore temps, où elle était venue à ma rencontre sur la route et que je n'avais pas osé lui dire « je t'aime ». Pourtant, pour moi le service militaire c'était fini. Je n'avais pas osé lui avouer mes sentiments. Nous nous étions adossés contre la barrière d'un de mes champs, sans témoins, et même si j'avais répété la scène mille fois pas un mot d'amour n'était sorti de ma bouche. Ce silence idiot par honneur pour son fiancé, je le regrette aujourd'hui, car je l'ai perdue à jamais.

Je m'étais effacé, « tout pour les autres », Paul après.

Peut-être qu'elle aurait renoncé à ses projets et que je serais veuf après des années heureuses près de cette si jolie et si douce femme.

Ce serait aujourd'hui, je lui écrirais, je ne me tairais pas. À soixante-dix-neuf ans tu as depuis longtemps compris que dans les aventures d'une existence, lorsqu'il est encore temps, tout se répare.

Sur cette petite chaise de paille, j'ai eu un moment à nous deux, je lui ai dit combien j'avais été bête. Je suis content, maintenant elle le sait.

J'ai senti encore sa main dans la mienne.

Dans un moment pareil, tu ne te demandes pas à quoi ça a servi d'être « venu en vie », non, tu te demandes seulement si sans l'amour d'une compagne ça valait le coup de vivre.

Ça, je ne saurai jamais.

Enfin je suppose que je ne saurai jamais parce qu'on ne vit sur terre qu'une fois (en principe) !

En un mot j'ai revu ma jeunesse, ce moment où, dix ans après mes deux déceptions amoureuses, à trente ans, j'ai su que j'étais fichu. Que je resterais

« vieux gars ». C'était le jour de la noce de mon grand copain d'enfance. Il m'avait invité avec sa fiancée si gentille, j'ai vu leur bonheur sur leurs visages et j'ai su que ce bonheur ne serait jamais pour moi.

Le jour de leur mariage, et après avoir renoncé une seconde fois à m'engager d'amour avec une jeune femme qui pourtant voulait de moi, mais qui habitait à des centaines de kilomètres de mon pays, la vieillesse m'était tombée dessus. Je m'étais senti terriblement vieux et usé, décalé, avec tous ces jeunes couples et leurs enfants galopant en tous sens. Je devais reprendre la ferme et protéger ma mère et mon petit frère, tout comme mes sœurs. Mon père venait de mourir en laissant un orphelin de treize ans.

J'avais promis au père. Je lui avais fait une promesse, celle de marcher dans ses pas et de reprendre ses mains pour protéger sa terre.

Jamais, je me suis dit cette nuit-là, je n'aurai de compagne, jamais je n'aurai de descendance et cela, je l'avais ressenti comme une aspiration de mon énergie, un découragement très important.

Dès lors, je n'avais plus eu de force pour penser que cela aurait pu m'arriver, et l'histoire m'a donné raison. Je ne me suis jamais empâturé, marié donc.

Heureusement je me suis consolé avec la joyeuse équipe formée par mes frères et sœurs, mes sœurs célibataires qui vivent encore avec moi et ma famille agrandie par le mariage de mes frères et la naissance de leurs enfants.

Le continuel boulot de la ferme m'a empêché de penser, de ressasser. Quand tu travailles du corps tu ne travailles pas du chapeau.

Mon amie d'avant mes vingt ans, je l'ai espérée et aimée en secret jusqu'à maintenant. Tu l'as compris, la vérité aujourd'hui c'est que je serais devenu centenaire pour elle, pour l'attendre même très vieux, même pour une heure si elle était redevenue libre. Je lui aurais parlé, mais elle est partie avant son mari… On aurait peut-être fait comme des gens de maintenant, qui se lancent dans l'amour même après quatre-vingts ans.

Je me suis assis, seul à seul avec elle. J'ai pourtant appréhendé sa mort avant la mienne et, bizarrement, ce moment de vérité m'a apaisé.

J'ai pensé lui demander pardon, mais pardon de quoi ?

Puis les croque-morts sont venus la déposer dans son cercueil. Pendant l'enterrement, j'ai changé de place, hébété non pas de chagrin mais d'incertitudes. Mon esprit a cessé de fonctionner quelques instants. La douleur n'est pas venue. Elle a eu la belle vie qu'elle méritait, qu'elle avait choisie, et ça, je l'ai respecté. J'ai gardé en moi sa souffrance pendant sa longue maladie. Heureusement, on ne m'a pas demandé de lire une prière durant la cérémonie.

Puis je suis rentré.

Le lendemain, j'ai repris ma vie sans en parler à personne.

L’horloge

Notre horloge « Marchand d’Equeurdreville », poids en fonte bien lourds, est née avant moi, j’ai pas connu sa naissance mais elle a accompagné la mienne. La matrone du village, l’accoucheuse, a regardé ses aiguilles au moment où je suis venu au monde, dans la maison où je vis encore. Notre vieille caisse vient des anciens, des arrière-grands-parents, même plus vieux peut-être. Elle a réglé ma vie et marche à l’heure solaire. Françoise, ma sœur née en 1937, la remonte chaque semaine en râlant la même phrase :

— Vieille garce, dire que la semaine est passée !

En marquant notre temps elle rythme notre semaine de huit jours, celle venant de dégringoler et on repart pour une autre. Le temps, ça passe, ça décline, en revanche ça paraît quand même moins à l’heure solaire. Notre horloge en dit long sur l’échéance de nos existences qui nous poursuit comme un huissier de justice. Elle possède un petit décalage, très léger, j'ai bricolé le rivelin, le filin usé, rendu mou avec les années. J'ai entortillé un vilain nœud. Elle déconnait trop, ça nous mettait en avance !

Et chez nous, nous aimons prendre notre temps.

Il y a quinze ans, elle a connu un événement grave. Quand je l'ai vue sur la table, éventrée, en morceaux, j'ai pensé :

— T'es raide, ma pauvre vieille !

Certainement qu'on ne choisit pas sa mort, l'horloge n'avait pas choisi sa panne, l'usure à l'évidence. Quelqu'un de ma famille l'a prise chez lui sous son bras. Il a joué au dentiste avec elle, faut dire qu'il est doué pour réparer.

Le rouage, comme les mâchoires des vieux, avait perdu une dent, un cran de cuivre indispensable à son mécanisme. Ce cran mâchouillé l'empêchait de se réenclencher, alors il lui a rectifié le dentier. Un bon coup de lime et hop ! elle est repartie comme en quarante. Je la jalouse un peu depuis, mes mauvaises dents broyées m'obligent à mâcher du côté droit, je devrais aller chez le dentiste, mais j'ignore si des fois ça vaut le coup de réparer une bagnole en fin de course comme moi, enfin bref, je ne mâche plus que d'un côté. L'horloge, elle, depuis son séjour chez son chirurgien d'occasion, a toujours ses deux mâchoires intactes.

Les vieilles garces, on le sait, ont la peau dure !

Durant quelques jours, lors de sa réparation, on a été privés du tic et tac. Maman n'arrivait plus à tricoter, le tic-tac des secondes lui manquait, elle sautait les points de son tricot depuis si longtemps rodé à son mécanisme. Lorsqu'on vidait la maison pour les *cllos*, nos champs, et qu'on partait bosser tous les trois, mes deux sœurs et moi, la pauvre maman se sentait abandonnée dans ce silence. À notre retour elle nous demandait avec impatience :

— Mais quand est-ce qu'elle revient, la vieille ?

L'horloge, pour elle, ça lui faisait une compagnie, un bruit de fond dans la maison.

L'horloge, une fois revenue, a hérité d'un faible décalage, un mal pour un bien car maintenant, naturellement, elle s'est mise à l'heure terrestre. À croire qu'elle sait compter. On entrevoit un léger écart, c'est perceptible depuis des décennies. Cet écart dont on parle parfois dans les émissions des savants.

D'ailleurs, il y a soixante-dix ans le soleil se levait un peu plus décalé par rapport à la Vierge qui, elle, n'a pas bougé, placée sur notre cheminée. Le soleil passe par le même carreau de fenêtre mais avec deux centimètres de différence. Je l'ai observé.

Notre grosse caisse se prend pour la pendule universelle et joue de la musique. Elle sonne les demi-heures en tintant d'un coup, et les heures par autant de *dong* que le nombre d'heures. Pour les heures, elle recommence son tintamarre une minute après avoir sonné la première fois, comme ça quand tu dors, si t'as pas compris l'heure qu'il est, elle te le rappelle : *dong, dong, dong, dong, dong*, avec pour finir un léger couinement de cinq heures. De ton lit, tu as beau l'engueuler, elle recommence son tintamarre, tu n'as plus qu'à te mettre le traversin sur les oreilles.

Notre grande horloge dans notre salle à manger dégringole les semaines dans notre vie de Bedel. C'est beaucoup plus intéressant que la pendule à piles. Avec l'électronique, ça bouge pas, tu t'occupes de rien, mais les jours d'un paysan ou d'un ouvrier, c'est pas ça. Faut se remuer un peu sinon tu culbutes dans le fossé vite fait. J'aimerais pas marcher à la pile, enfin sauf pour le cœur, beaucoup de petits vieux ne survivent que grâce à elle. Jeanne de Jobourg, une voisine de bientôt cent ans, le décrit si bien d'ailleurs :

— Le toubib m'a mis des piles, *y a qu'coume cha qu'no tyin achteu*[1] !

Moi, j'suis monté sur ressorts, on m'en a introduit dans les artères ! C'est que d'la mécanique.

D'ailleurs, la pendule, ça d'accord, ça vit quand même, mais ça vit mort. Une pendule ça radote, ça robotte. Sans battements de cœur ça parle pas, tu ne sais pas de par où tu en es. Celle à piles, t'as pas le plaisir de lui redonner un coup de pouce au cul pour qu'elle remarche une semaine : en bref, la vie avant la mort.

J'arrive à échéance, justement, ceci me fait penser que je suis au bout du rouleau, et c'est moi ou Françoise qui actionne.

Je m'baragouine seul des fois :

---

1. Il n'y a que comme ça que l'on tient maintenant !

— Mon pauvre Paul, quand tu n'auras pu le plaisir de lui remonter le temps, à l'horloge, ça ira mal pour toi, t'auras plus mal aux dents !

Mais bon, je te fais une promesse, d'autant plus si tu es plus jeune que moi, lorsque tu auras cent ans, je te paierai le champagne ou du cidre bouché à la maison, d'accord ?

L'heure des Boches

Actionner les plombs d'un balancier, ça te fait plaisir, ça te donne l'illusion d'y pouvoir faire quelque chose, à ton destin.

Aujourd'hui on a mis notre pendule artificielle à la mode de nos visiteurs marchant à l'heure d'aujourd'hui, gentiment je peux dire que c'est leur faute !

Attention je ne fais pas de reproches. Mais je fais de la résistance, je la regarde et machinalement, presque mécaniquement, je l'ampute d'une ou deux heures.

Mon corps restera toujours ma pendule personnelle. L'heure paisible, solaire rythme mon temps. Maintenant l'heure du grand chambardement électronique pousse à courir tout le temps, ça te bourlingue. Par exemple, à l'heure officielle, Noël paraît très proche, l'âge me donne peut-être cette impression. L'heure officielle te pousse, te pousse.

À l'heure solaire tu vis au rythme du temps, du temps dans le temps. Au milieu de l'année, maintenant, en juillet 2008 par exemple, t'as l'impression que tu vas rattraper la fin de l'année. Les gens en vacances te parlent déjà de leur rentrée.

On dirait qu'on n'a plus le temps, à te fiche le bourdon. La vitesse nous éluge, nous file le tournis. Les gens fonctionnent ainsi et cela leur donne l'illusion d'avancer. Mais en fait, « l'année a du retard aujourd'hui », pas d'avance, non, du retard.

Ça te rend un peu hardi, courageux, de par où tu fiches le camp.

Profonds comme tes sillons, droits comme les miens, un peu concaves donc, tes pas tu les poses vers ta fin. T'as beau repérer un truc pour pas fourrer tes galoches là-dedans, si t'es en vie c'est que tu vas finir ! Une pendule te prouvera pas le contraire. Elle s'en fiche, les vieux modèles sont construits pour durer des siècles !

Autrefois, un jour comptait un jour, pas plus pas moins. Même les saisons se sont mises à l'heure électronique. Les poules ou les vaches, on ne leur raconte pas de salades, elles se font pas avoir, l'heure solaire cadence leur journée. Les vaches mangent à la fraîche, le soir, et pas en plein midi en pleine chaleur, à cette heure-là elles font la sieste.

L'heure officielle et moi ne sommes pas toujours très copains, il m'arrive même de me tromper. Selon moi, l'heure « inventée » te fout la brouillerie complètement. Tu finis par penser comme ceux qui vivent à l'heure artificielle, pour partager, pour pas t'isoler. Rien de plus désagréable que de partir à la pêche à trois heures alors que la basse mer commence à une heure, et de la louper. Si j'ai des invités à deux heures par exemple, j'ai regardé mon horloge, il est midi, c'est bon, pas de souci, mais soudain j'oublie. Parfois pris dans la conversation, comme « on m'a forcé d'heure officielle », à trois heures je pointe le nez dehors en les raccompagnant à leur voiture.

J'en profite pour regarder où j'ai mes points de repère — mes amers — pour partir à la pêche dehors, en face de chez moi, mes *roquis* (rochers, prononcer rotchis). Nom de nom ! la mer recouvre tel caillou, c'est foutu, mon trou à *houma* (homard) est à l'eau ! En bref, depuis que je marche à l'heure des gens, de mes visiteurs, je fais moins attention. Alors qu'autrefois, en activité, je repérais l'heure en regardant le soleil et en écoutant mon estomac.

Avec l'heure solaire, nous, les vieux, nous avons résisté. Quand les Boches se sont pointés en 1940, ils nous ont imposé leur heure. Hop, à peine installés, ils nous ont bouffé une heure ! On l'a oublié mais fallait voir, ça nous rendait fous, surtout dans une communauté rurale. On n'avait jamais pensé qu'une telle bêtise pouvait exister. On a dû supporter l'envahissement, mais aussi de mettre nos bêtes à leur heure et comme y avait le couvre-feu, ça déconnait complètement : le lait, le sommeil, les poules qui refusaient de se coucher. J'allais quand même pas continuer à vivre à leur heure le reste de mon existence ! Déjà qu'on a eu du mal à reprendre le dessus après leur départ…

La guerre, ça te ronge même quand elle part, ça te vieillit, ça te laisse la frousse de la haine entre les hommes.

Alors pas question d'me mettre un jour à l'heure des Boches.

L'échange des mers

Mon plaisir c'est la pêche, la basse *iâo* (marée basse). Petite pêche à la *rocâle* (rocaille), à pied. Je ne me fie pas aux coefficients des marées, je me fie aux cailloux à l'horizon, *mes* cailloux. En face de ma maison, c'est pas difficile, les terres coulent jusqu'à l'océan.

Les terres et le ciel face au vent, ça te transforme ta maison en navire, ici, au bout de la Hague, tu embarques en mer.

Je zieute de mon domicile la tête de certains rochers. S'ils sont à sec, alors certains trous sont abordables. Pas besoin de courir comme certains pêcheurs à pied le font, l'almanach des marées dans la poche, et dès l'horaire. La mer descend doucement, à son rythme.

J'ai appris « combien la mer va descendre » en fonction des vents et de la pression barométrique. En haute pression la mer descend mieux, en basse pression, même si l'almanach prévoit un gros coefficient, elle ne descendra pas autant que prévu par les savants qui calculent.

Un coefficient de 90 donne parfois un 83. Si certains rochers, ceux de mes trous, ne sont pas découverts, alors je sais qu'ils ne découvriront pas.

Par amusement, je consulte le carnet des marées, après je le bidouille à ma sauce. Ce carnet se base sur les lunes du calendrier.

En mer, on ne doit pas se fier à ce qu'on voit, ni à ce qui est écrit, y a des mirages. La vie terrestre d'ici c'est comme en mer, surtout sur la presqu'île où je vis, ce petit morceau de campagne « au bout du bout » du Cotentin. Je regarde et sens les vents des jours d'avant la marée, afin d'éviter les illusions.

Ces choses étranges apparaissent à l'eau claire, très très claire, plus l'eau est belle d'ailleurs, plus elle est traître. Elle reflète les fonds marins et te donne l'impression, de loin, que tes rochers sont à sec. Comme les météores dans le ciel ou les rencontres lumineuses que tu peux faire dans tes champs les soirs où tu es le plus isolé des isolés. L'eau a ses profondeurs, plus elle est profonde, plus elle est calme et mauvaise. Elle cache souvent des mystères à ces endroits.

En plus, la brume « guette en dessous », sournoise, elle change la terre, tes repères, tu ne commandes plus. Donc tu fais comme pour tout avec la mer, tu apprends à te méfier des apparences et tu notes tes observations pour ne pas oublier la fois d'après. Les marées d'équinoxe de l'automne et du printemps sont de bons indicateurs pour une année de pêche. Le temps de la marée donne le temps des marées suivantes, les marées de douze-douze (pour un an). À condition qu'il n'y ait pas trois lunes en juin ! Mon père appelait cet événement « l'échange des mers ». Les marées suivent le tour de la terre. S'il y a l'échange des mers, le temps rechange alors entre les marées d'équinoxe. L'attraction de la lune fait baisser les coefficients, la baie de Seine se vide et influence chez nous. Les eaux se rejoignent, gonflent, se bagarrent pour défendre leurs territoires, enfin je présume. Le temps arbitre et remet les choses au clair, les pendules à l'heure !

La marée d'équinoxe règle le temps de la fête de Pâques. Si Pâques est avancé ou reculé chaque année, le tout se règle sur l'équinoxe où le jour et la nuit sont égaux en heures et en minutes. Le temps qu'il fait à cette marée-là, en principe tu le retrouves aux marées suivantes. Si le vent souffle d'aval à la marée d'équinoxe du printemps, le vent le jour de chaque marée sera d'aval jusqu'à la marée d'équinoxe suivante de l'automne. On parle chez nous d'aval et d'amont car nous sommes à l'extrême pointe nord de la Manche. L'aval correspond au vent nous venant de Barneville (sud, sud-ouest) et l'amont, de Barfleur (nord).

Pour les autres jours, j'observe la direction des vents et je décide ce que je vais faire dans mes champs le lendemain. Si le vent souffle d'amont et que la mer

« crache » dans Écalgrain, le bruit de la baie arrive jusqu'à mes oreilles, le vent sera sud, sud-ouest, le temps passera doux. Si la veille le vent est sud et fait du boucan dans le raz Blanchard, les vents seront nord, nord-ouest. Et si les vents sont en aval et que j'entends le fracas des flots sur la pointe de la Hague, le vent tournera d'amont le lendemain. Une aubaine, je déserte les champs pour la pêche, car la marée descend vraiment alors. Elle descend moins en vent de sud.

Pour en finir, chez nous on a la *vouétène*, vent d'ouest frais. Le soleil alors se couche jaunâtre au vent aride. Vouétène, un mot d'ici, quand tu vois ce ciel lourd, tu comprends. Un coup de vouétène te dessèche tout.

En conclusion, un vent qui n'est pas bon pour la terre donne de belles marées basses ; sinon y a pas de tirage, le courant est refoulé. Ça s'enfume.

Parfois les choses les plus simples sont les plus compliquées, mais toi, le paysan, à force tu les comprends.

Chose certaine à Auderville : de la pluie, on n'en manque pas, quand il pleut chez nous, pour ma terre et pour moi, il fait beau temps.

Les vieux autrefois, attention pas n'importe lesquels, les sages, nous servaient de baromètres. Ils sortaient pendant la messe des Rameaux pour voir le temps. Désertant l'église au moment de la lecture de l'Évangile, le ciel leur donnait le ton pour l'année ! Après, au bistrot où les hommes se rejoignaient, on allait apprendre le temps qu'il allait faire les mois suivants, le secret se transmettait.

Les sages alors ne payaient pas leur vin mais buvaient bien !

Le raz Blanchard

Parfois lac blanc, parfois banquise, parfois monstre, il dévore tout, te vouêchit, bouscule comme dans une essoreuse. Les Haguais en ont vu passer, des naufrages et des peines, entendu, des cris et des pleurs.

C'est un intelligent, un courant différent. Le raz Blanchard ne se dompte pas, quand t'es passé sur lui, la fois d'après il peut ne pas vouloir que tu repasses. Il te ferme le bec si tu penses être plus fort que lui !

Il est constitué d'un enchevêtrement de courants courts et longs et, en fonction, ils se heurtent entre eux avec une rapidité autre. Les élancés se cachent derrière les rochers comme ils peuvent, les plus courts les fouettent. Vifs, ses petits courants font voir à l'œil humain un troupeau de moutons sur l'eau, un bouillon.

Un torrent de mer.

Il chante clair parfois comme une cascade.

Les remous des courants et des contre-courants forment une bande de ouate, un pansement sur la mer. Pour sûr, ça saigne, ça se chamaille là-dessous. Certains se dérobent sous les roches, les rochers et les embarcations de passage. Ce courant travaille la terre autant que la mer, ça a à voir avec la météo mais aussi avec ton lait, le lait de tes vaches en prend un coup.

Il pleut de la mer par *ichin* (ici) !

L'herbe devient salée par les embruns et ton beurre se sale naturellement.

Si d'un coup le raz s'asséchait, on en verrait, des épaves, ou le peu qui en reste, je suis certain qu'on n'en a pas répertorié la moitié. Quand tu le regardes en furie, ça te crie, tu fais pas ton fier. T'es pas orgueilleux mais t'en as pas peur, il est avec toi et contre toi, faut seulement le connaître.

Au lieu dit « La Déroute », ce petit monde se retrouve et à chaque instant une guerre se joue. Les courants vaincus sont broyés.

Ce courant pourtant indispensable à ma vie est un dévoreur d'hommes.

Remarque, le pêcheur à pied est tout aussi féroce.

Rocaille

Je suis pêcheur à la rocaille, pas de ceux qui ont le goût des bateaux, ces pêcheurs embarqués qui sentent la mer, l'odeur de leur embarcation s'imprégnant sur leurs habits et leurs mains. Pêcheur à pied, ça m'est venu de ma tante que j'aimais beaucoup, Fernande. Celle qui était couturière et qui m'avait fabriqué mon petit costume de « joli gamin » pour aller à l'école et dans lequel je m'étais senti si étriqué.

Elle m'emmenait dès petiot à fouillasser sous les rochers, à secouer le varech. Ma grand-mère m'avait appris l'eau également, mais au lavoir. Je caressais les algues vertes sur le bord pendant qu'elle lavait son linge, à force j'avais culbuté par-dessus bord. Elle m'avait rattrapé par les deux pattes, j'ai pas appris à nager pour autant…

Fallait voir comme l'agilité des mémères — quoiqu'elles n'étaient pas si vieilles à cette époque mais le paraissaient — m'impressionnait, surtout quand, petiot, j'escaladais des gros rochers comme les nôtres. Elles ne pêchaient pas comme les hommes, elles se réservaient des crabes, des *vrelins* (bigorneaux) et des crevettes. Parfois des *goufiques* (ormeaux), quand elles en trouvaient. Les crevettes également sont l'affaire des femmes dans notre famille.

Lorsque tu décapèles les moussettes, ces petites — chez nous on met les crabes au féminin — crabes rondes, tout vient d'un coup. Elles ont un goût très prononcé de fond de l'eau et en même temps leur chair est fine. Les moussettes, tu leur suces les pattes, ça passe le temps à table et ça fortifie ton dentier.

Ma tante mangeait aussi bien les crevettes crues au sortir de l'eau, en leur enlevant seulement la tête, et elle m'offrait des *fllies* (patelles) arrachées du rocher d'un petit coup sec à l'aide d'un couteau. Je faisais comme elle, comme lorsqu'on cueille des mûres, de temps en temps t'en gobes une pour le plaisir.

Les femmes, jamais elles n'allaient sur le territoire des hommes.

La mer nous venait des femmes donc, et la terre également car, jusqu'à dix ans au moins, je suis resté auprès d'elles et elles m'ont montré à traire, à râteler, à gerber, à biner. Et quand je suis devenu adolescent, mon oncle a pris la relève et j'ai appris les hameçons et le reste. Il m'a transmis son territoire. Mais le goût de l'iâo, l'eau de mer, c'est ma tante et ma grand-mère qui me l'ont filé. Elles ont d'ailleurs transmis leur territoire aux sœurs.

La marée, ça me rend fou. Dès qu'elle se ramène je la quitte pas des yeux, si je suis loin dans mes champs d'en haut, j'ai compris par habitude d'autres cailloux qui sont devenus mes amers.

Des amers, des roquis qu'on a, nous, les vieux, je les transmettrai à des plus jeunes bientôt. Je leur raconterai le jour où j'ai vu deux cargos se claquer à deux décennies de distance au même endroit sur les Greunes, plus au large. Les Greunes sont alignés, ils sortent rarement la tête de l'eau, le raz bouillonne autour. Leurs cailloux sont couverts par une légère couche d'eau, on peut dire qu'ils se déguisent avec de la flotte. Personne ne les voit, on les devine.

Je travaillais dans mes *côtis*, de hauts champs donnant sur la mer, les cargos coupaient tous les deux la pointe du nord-ouest de la Hague, ils devaient avoir le nez propre après. Je les ai vus tous les deux à plusieurs années d'intervalle, à croire que je serais là pour toujours et que le film se rejouerait inévitablement. Les deux fois, les bateaux se sont « retirés » d'affaire comme ça. Ça a passé outre.

Les Greunes offrent parfois des rigolades, du spectacle pour un paysan dans ses cllos !

Au sujet des noms des rochers, on m'a toujours raconté que le rocher l'Alizée a été baptisé ainsi car un voilier du même nom s'était foutu la gueule dessus.

Les rochers nous racontent autant que ce qu'on lit dans les livres d'histoire, enfin bon, de ce qu'on te raconte et qui est transformé trop souvent par ceux qui l'écrivent.

Mes « houoles[1] »

Bon j'en arrive à ce qui intéresse pas mal de gens : mes trous à homards. Mes trous à homards s'appellent les *tôtons*. Quand j'ai ramassé une bestiole, souvent je raconte aux sœurs :

— *C't'y là, j'l'y z'eu*[2] *dans les houoles de l'aval de tôton.*

Elles comprennent mon jargon. Elles ne sont jamais allées les voir mais je suis certain qu'elles pourraient les décrire : des trous à l'horizontale et comme des canapés à deux mètres de profondeur, rarement au sec.

Ces trous sont plutôt des failles dans le rocher. Les cailloux du dos-d'âne, « La Biroule » sous le port de Goury, sont pas mal non plus pour le homard, mais là c'est pas mon coin.

---

1. Mes coins.
2. Celui-là, je l'ai eu.

Près de la grande houole, mes trous se cachent ici, ils s'y assèchent un peu, surtout à la *graund-maé* (équinoxe).

Mon frère Auguste n'atteint pas toujours les siennes quand je vais aux miennes. Nous pêchons souvent en décalé vu la différence de niveau d'eau. Mon frère a hérité son coin du père et moi j'ai hérité du coin de mon oncle.

J'ai mis du temps à les connaître vraiment, pourtant mon oncle m'avait montré. J'y emmène personne. Sauf une fois la caméra pour le film qui a fait connaître mon pays et mon métier, mais y avait du brouillard. Et puis je l'avoue, j'avais empiété sur le bien d'autrui, c'était le coin du Fosset. Ceux du Fosset sont morts depuis longtemps, et quand ceux qui en ont hérité ne sont pas par là, je m'autorise à y aller. C'était le cas le jour où on a tourné le film. J'y ai réfléchi, je ne savais pas le succès que ça aurait ! Je prends garde de ne pas aller dans le coin d'un autre quand quelqu'un y est. La politesse, ça préserve les bons rapports.

Un jour, quelqu'un de pas d'ici fouinait dans mon trou. Pas loin de ma houole. Sur le rocher long comme un canapé, je vois le gars dessus tout debout, je n'ai plus de bons yeux mais pour ça pas besoin d'y voir ! Le cœur me cognait d'émotion. Si ce pêcheur d'occasion descendait et fouillait dessous, il aurait fouillé mon coin, le meilleur pour les homards. Heureusement, le varech très dense le cache à cet endroit, le rend comme effacé, d'ailleurs je remets toujours le varech quand j'ai fait mon coup, ni vu ni connu j't'embrouille ! Au millimètre ! Bon, là, y avait grabuge !

J'attendais qu'il s'éloigne. Dès qu'il a déguerpi, en silence comme un criminel, j'ai fouiné ma caverne et hop, j'ai pris un homard de cinq livres ! Vu la configuration, je ne me pressais pas pour le rejoindre, je voulais le semer et arriver à mes autres endroits plus vite que lui. Mais ce curieux venait vers moi. L'envie de parler m'avait quittée :

— Ça pêche-t'y ?

— Non, pas grand-chose !

Il s'approchait en regardant dans ma hotte :

— Ça tire là-dedans, mon vieux, sur votre épaule !

C'est vrai, ce bon sang de homard bousculé s'énervait, ça lui plaisait pas beaucoup d'être attrapé. Le bonhomme devait aimer se faire du mal, il a regardé dans ma hotte, je n'allais pas lui donner quand même ! Sous l'effet de la surprise, je l'ai laissé et sans un mot j'ai avancé plus vite que lui, il m'a fichu la paix.

Les trous, on ne doit pas y toucher, c'est comme si tu entres chez quelqu'un, tu y es invité en ami, tu remets ta chaise, tu plies ta serviette. Si l'équilibre d'un trou se défait, la faune entière en mourra. Tu bouges un caillou et ensuite tu le remets exactement où il était.

Mes trous sont cachés par le varech sauf en février, la tempête l'arrache, et comme les arbres, il perd ses feuilles pour se régénérer. Huit à quinze jours avant l'herbe d'ailleurs, le varech commence à pousser. L'herbe suit toujours.

Je fais souvent le rapprochement entre l'herbe et le varech, terre et mer la même nature. Je peux tenir indifféremment une poignée de chaque dans chaque main, la poignée de varech c'est ma poignée d'herbe.

S'il y a de la houle de clapot, des coups de *maé* (mer), les vagues sont plus fortes, la pêche au homard devient plus dangereuse pour un type comme moi qui ne nage pas. Et même quand la mer est plate, c'est jamais le moment de se décrotter le nez. Le semblant de calme dure juste *un miot* (un peu), la mer reprend sa respiration, elle regonfle du fond. T'es en équilibre sur ton rocher, tu remontes le caillou pour le premier coup mais pour les deux autres vagues, si t'es encore sur ton bas de cailloux, ces deux-là te foutent en l'air, tu te fais débarquer, foute à la patouille.

La mer marche par trois, trois vagues comme le ciel, la terre et l'eau.

Un matin sur la mer

Un jour, je me baisse pour regarder un trou d'un mètre d'eau et le fond me prend avec mon beau pull neuf, aussitôt feutré de sel, que Françoise m'avait tricoté ; elle rouspétait à mon retour ! Après mon malaise, j'ai ouvert les yeux dans l'eau qui me recouvrait et j'ai vu mon calot, mon béret et mon crochet flottant au-dessus de moi, l'eau formant un cercueil transparent. L'eau glacée m'a réveillé. J'ai rien dit de mon malaise, trop désolé pour mon pull.

À cette époque, je ne dormais plus tellement j'avais du boulot ; c'était juste avant la mort du père. Je faisais double journée, une de terre puis une de mer la nuit.

Un petit matin de pêche ça te ravigote pour la journée, mais le corps ne suit pas toujours. Je ne pouvais m'empêcher d'y aller malgré ma fatigue due au travail des champs.

Un printemps avant sa mort, je pêchais avec mon père. Soudain, il a lâché un :

— Y a un houma, bouge pas ! Zieute, il est sous ta botte.

Tu penses, je zieutais mais j'y voyais rien. Je ne bougeais pas, avec le père valait mieux obéir. Je restais immobile, les deux pieds dans la mare mais je ne le voyais pas. Soudain, j'ai senti un choc dans ma botte, hop ! je me suis baissé et je l'ai attrapé comme ça, un énorme. Une de mes plus belles pêches, une des moins belles à raconter.

Quand tu passes ton crochet dans sa cabane, le homard te serre la main, il va faire souvent ses commissions, le mâle j'entends. Par commissions je veux parler du fait qu'il court les femelles. Ça l'oblige à sortir et c'est pourquoi j'en ai attrapé parfois à la main comme ça, mais rarement, juste en me baissant, en l'attendant sans bouger au-dessus de l'eau. Les petits d'une demi-livre, ils filent à la vitesse de la lumière, comme un éclair, zou ! Mais les vieux, comme tous les vieux, ne bougent plus, ils ont grossi, ils nagent avec patience et nonchalance en rêvant un chouia. Tu te baisses et tu les attrapes, mais attention, y a un endroit pour les attraper, car leur queue est pleine de pics très durs et si tu mets tes doigts en dessous tu restes accroché. Le mâle, quand tu fourres le crochet dans la faille, te fait des poignées de main continuelles, clac clac ! Jusqu'à ce que tu l'agrippes il défend son trou et protège sa femelle. La femelle, elle t'en fait une, de poignée de main, pas deux. Elle est maligne et si tu l'as loupée et si elle a prévu de protéger sa cabane qu'elle a déjà travaillée, creusé son trou suffisamment grand pour s'y tapir, alors là t'auras beau fouiller pendant des heures avec ton crochet tu l'auras pas, faudra revenir le lendemain.

Le mâle, même s'il est poli, si tu le saisis et qu'il retombe, il ne faut pas attendre quinze jours pour le rattraper. Il s'accroche au varech et comme un danseur glisse dessus, s'agrippe et zou se refout dessous.

C'est malin ces bestioles, c'est des méfiantes. Celui qui m'a filé en deux un ongle, il revenait du large derrière moi, je me suis mis à l'eau, quand il m'a becqué, je l'ai envoyé en l'air et je l'ai perdu. Le temps de retrouver mes esprits, je l'ai aperçu dans une mare. Malgré mon doigt complètement cisaillé et la douleur, je me suis jeté sur lui, je l'ai dégusté avec plaisir ensuite.

Une autre fois j'ai attrapé « en direct » une pauvre bête mais sa femelle était dessous, je ne l'avais pas vue, elle en a profité pour se venger, crac, elle m'a bouffé les doigts en recroquevillant sa coquille pleine d'épines sur eux, ça m'a fait un mal de chien.

Les femelles ont deux petites pointes molles derrière la queue, celles des mâles sont dures. On les reconnaît ainsi.

Le dormeur — le *cllopoing* chez nous —, je le pêche en écoutant dans son trou à l'aide du manche de mon crochet. D'abord je donne un coup de crochet dans sa maison, mais attention ça ne te répond pas, c'est pas poli un cllopoing, ça te dit pas d'entrer. Tu fouilles un moment et tu écoutes à l'autre bout du bâton comme un stéthoscope. Il tente de s'enfouir dans le sable en dessous. Même si tu lui disais que c'est le toubib qui arrive il te croirait pas ! Alors j'entends ce bruit reconnaissable : cric, cric, ça couine, j'entends les vibrations, ça porte le son. Si j'entends l'enfouissement du crabe, alors je fouille !

Si t'es crocheté par un dormeur faut savoir que tu peux dire adieu à ton doigt, s'il te tient il te lâchera pas, t'attendras et faudra pas longtemps qu'il desserre. Seulement en une seconde tu auras perdu un bout de toi. Et t'auras plus qu'à aller te faire recoudre le doigt à l'hôpital. Je plaisante parce que si ça t'arrive, t'es déjà loin dans les rochers et l'hôpital est à plus de trente kilomètres, adieu donc !

« Aux hameçons », autrefois, c'était différent, quand on s'en prenait un, comme ça m'est arrivé, et arrivé à d'autres, enfants comme adultes, je partais sur ma Mobylette chez le docteur de Beaumont-Hague, à treize kilomètres, le doigt enveloppé dans un mouchoir. Le vent te le fouettait dru. À l'arrivée, le toubib te laissait languir dans son cabinet un petit moment :

— Monsieur Bedel, je reviens, je vais chez mon collègue.

On savait tous par la rumeur qu'il allait chercher une pince chez le maréchal-ferrant ! Une pince un peu croche dont j'ai oublié le nom qui permettait à l'hameçon de se décrocher dans un mouvement circulaire sans trop emmener de peau au moment de l'extraction. Il en a sauvé, des mains, ce docteur.

Aussitôt réparé, je rejoignais la marée suivante.

Mon trophée

Forte marée pour un mois de juin, je vais donc à la pêche, je passe à l'eau pour y aller, je me mouille. J'arrive à ma houole et je me pose sur un caillou pour ne pas trop me tremper, j'ai quand même l'eau aux genoux. Je mets un coup de crochet comme à mon habitude, le homard entre et sort trois fois dans sa baraque, je descends plus près, à l'eau jusqu'à la ceinture. Cette fois c'est un énorme ! Je l'attrape, mais avant je dois ouvrir la main comme jamais je ne l'ai ouverte pour le saisir. Un petit agile aurait filé, lui va mou, vraiment mou. Je prends un coup de mer, je soulève la bestiole et je cours avec dans les rochers, j'ai l'air fin, heureusement personne ne m'a vu.

Celui-là, il valait le coup de se noyer pour lui.

Je fais mon difficile, mais un homard mâle gros comme ça aurait eu des pattes grosses « comme ça » et dans le homard j'aime bien les pattes ! Mais bon, c'était une femelle avec des jolies pattes quand même ! L'homme est plus grossier c'est certain, et à tous points de vue, la femelle, c'est plus fin.

Donc, heureusement, je ne rencontre personne, sinon ça aurait fait de la pub pour là d'où je venais !

Et deuxième chance, avant de l'attraper, je n'avais pas pêché de dormeur, il y aurait eu du grabuge dans la hotte, j'aurais dû me séparer d'un des deux. Je l'ai pliée tellement elle était grosse, quand c'est vivant ça se laisse encore un peu plier, comme les vieux d'ailleurs. Quand c'est mort, les homards, c'est pas la peine, ça casse net.

Je suis rentré avec mon homard sur le dos. On n'aurait pas cru mais il était vraiment bon à manger. Plus maintenant car je l'ai rempli de plâtre ! Je l'ai immortalisé en tableau, en « trophée » sur une planche de récupération. Il doit plus être aussi bon... J'y ai fait des fantaisies avec des puces de plages, des petites coquilles vides échouées que l'on déniche à une seule place sous la *verroque*, au large. Elles viennent de je ne sais où, une sorte de corail. Comme j'ai toujours l'impression d'être un pauvre con, d'être inférieur par rapport aux animaux et aux gens, j'ai écrit P.B. en dessous, comme Pauvre Bête, comme les initiales de Paul Bedel, disons qu'on ne vaut pas mieux l'un que l'autre.

D'être un pauvre type, ça me vient depuis longtemps. J'ai dans mon idée d'être inférieur aux autres, de « ne pas me croire ».

Ce homard m'est tombé dessus par hasard, le plus gros de ma carrière, j'ai pas eu de fierté, j'ai pas fait ma craquette, mon fier, c'était un amusement et les sœurs n'ont pas eu à manger autre chose, comme des vrelins on a pu partager !

De toute manière on partage tout le temps.

J'ai jamais revu un homard aussi gros, il faisait huit livres. Je l'ai pesé avec des cailloux, des galets étalonnés aux poids de cuivre que nous utilisions pour peser le beurre.

La grosse bête, je l'ai pas montrée au village, mais ça s'est dit.

La fraude

Ma fraude, c'est en temps de marée, quand je pars en cachette à la mer alors que je devrais être dans mes champs à travailler la terre. J'ai fourré quelques hameçons dans ma poche, ni vu ni connu j't'embrouille. Ainsi, les filles savaient pas que j'allais pêcher. Si j'avais pris ma hotte et mon attirail, j'étais fichu, j'aurais eu « la goule » par les sœurs. J'ai bossé un peu dans mes champs puis j'ai arrêté de sarcler mes betteraves, j'ai rejoint la mer à travers cllos. Un petit cinq cents mètres plus loin, pas plus. Je me suis dépêché d'attraper la marée. J'ai déposé huit hameçons et je suis reparti à mon sarclage.

Le lendemain, un dimanche, j'avais pas besoin d'aller à mes champs, les filles me surveillaient pas. J'ai pris ma vieille timbale pourrie, une Simca 1100, ça devait être l'intuition car jamais je ne me promenais en voiture le dimanche. En arrivant j'ai vu distinctement sur mes hameçons une sorte de grosse morue, sa peau reflétait avec le soleil. Je suis pas allé plus vite pour autant en passant devant mes mares à cabots. J'en ai attrapé huit pour *rebeiter* (appâter) mes hameçons avec l'intention, le lendemain, de m'échapper en cachette de nouveau sans avoir à trop perdre de temps pour les champs. Je calculais !

Puis je me suis approché doucement de ma pêche. Quelle surprise ! J'avais pris un bar énorme, moi debout j'suis pas grand mais quand même il m'arrivait à la hanche. J'ouvre mon coffre, quelle veine, j'étais en voiture, sinon il aurait pesé lourd comme une punition si j'avais dû le ramener à pied. Un villageois m'a vu, je lui ai montré mon trophée, et d'un ton très amusant, il a cru bon ajouter :

— Sacrée belle bête, il me semble, je m'rappelle, j'en ai pêché une ou deux fois un aussi gros !

Un vrai craquou pour de bon !

Mon bar pesait quatorze livres et traînait par terre ! Aux sœurs et à maman, je leur ai laissé croire que c'était un bar « de dimanche » et pas un bar de fainéant, un bar « de samedi ». Une prise d'un gars qui aurait dû travailler dans ses champs plutôt qu'aller rêvasser à la mer.

Quand on ramène un truc pareil, personne ne fait de réflexions, rien. J'avais déserté les champs un petit moment, c'est ça qu'on appelait à la maison la « pêche en fraude ».

Le bonheur, quoi !

Un machin qui a un arrière-goût de liberté si tu me comprends, personne sur ton dos et une récompense.

Un arrière-goût de reviens-y.

Y a pas que le homard !

La pêche ne se résume pas aux homards ou aux crabes, la pêche c'est aussi les lignes à hameçons — mes *bêlaées* — posées dans la basse mer sur une sorte de petite plage plate gravillonnée.

J'y pars la nuit en Mobylette, je la démarre un peu plus loin sur la route pour ne pas réveiller le quartier et les sœurs. Jeune, je dormais à peine, je me noyais dans l'activité pour ne pas penser à ma vie. Avec toujours mon regret de ne pas avoir épousé cette jeune femme qui habitait si loin, ou celle quand, plus jeune, la peur du « non » de mon père m'avait fait reculer le moment de la demander en mariage et qu'un autre me l'avait prise. Alors je prenais tant que je pouvais de la mer et de la terre, le tout me le rendait.

Mais voilà, une vie j'en ai qu'une et dormir à peine comme cela me réservait des bricoles. Un jour j'ai failli vraiment me noyer en faisant un malaise et une autre fois, sous un temps de brume, j'ai failli disparaître. Le phare gueulait depuis le matin, arrivé au *caôchi* de la mare, je me suis inquiété, j'avais fait cent mètres de trop, j'avais passé ma bêlaée dressée entre deux billes flottantes ». Un pas de plus et là, merde, je me suis dit, c'est l'océan ! Je me suis trouvé trahi. Un pas de plus, je tombais à la patouille. Au fond c'est pas prudent, cette pêche, seul la nuit, j'aurais pu y rester, après la mare je serais parti au fond, emporté par le courant du raz Blanchard avec toute la colère des fonds sauvages, avec de l'eau dans les bottes !

À peine remis de mes émotions, je ne voyais plus la lumière d'Auguste, mon frère, pourtant arrivé dans son coin, nous étions partis ensemble. Je braillais son prénom pour savoir où qu'il était cette andouille. Après avoir eu peur pour moi, j'ai eu peur pour lui. On a réussi à se faire entendre mais quelle trouille ! Quand tu as failli basculer par-dessus bord tu as toujours l'impression qu'il peut arriver encore pire à ceux que tu aimes.

Quand je l'ai rejoint, j'avais pris le grelot, je tremblais comme un arbre secoué de tempête.

Je pratique aussi une autre pêche que la rocaille, je pose des lignes à colin : des bêlaées donc. Trois fois cinquante mètres de fil qui retient ton bonheur. Je ramasse des glluettes, des poissons d'un centimètre portant une petite ventouse sous leur bidon, ils s'accrochent aux rochers, sont collés sous les pierres, sous certains cailloux, pas tous. La première fois que je suis allé mettre mes lignes, j'avais trente-deux hameçons, j'ai attrapé vingt-neuf colins.

Mon père autrefois, je l'ai vu faire, tendait ses bêlaées à l'aide d'un petit bateau de bricolage, une planche en triangle d'environ cinquante centimètres munie d'un mât et d'une voile rectangulaire. Quand il la prenait sous le bras, j'avais toujours l'impression qu'enfin, pour une fois, j'allais jouer un peu avec lui !

Penses-tu ! Il accrochait sa ligne derrière et quand le vent s'établissait vers une direction il lâchait son « bateau », le laissant traîner durant deux heures. De l'autre côté, le bout de la ligne était maintenu par une grosse roche longue, un *tchu* à pierre, où l'on accrochait solidement la ficelle. Deux heures plus tard, on la remontait. Le colin mord à la tombée de la nuit, alors quand on revenait, il faisait noir.

Le père et l'oncle lançaient leur bricolage à la *graund-veile* (grand-voile).

Les bêlaées, c'est un art facile mais compliqué. Tu t'arranges pour que ta ligne remonte à la surface et forme une ligne concave, le colin monte et redescend par d'autres « ruets[1] », jamais les mêmes. Si tu mets ta bêlaée là qu'il redescend, il a déjà bouffé, il a plus faim, tes gluettes ça lui dira plus rien. Si tu mets ta ligne quand il a faim, alors tu verrais le vorace, ça prend à tous les coups.

Si la houle est trop forte, le poisson ne monte pas et reste dans les fonds. Quand le vent est d'amont, passé nord donc, il ferme la gueule aux poissons, ils ne mordent pas. S'il revient sud, il *rassurit*, c'est

1. Ruet : espace entre deux rochers.

tout bon, ça rouvre la *gouole* des poissons et celle des gens ! La météo vire au beau.

J'ai mes coins à vers sous des cailloux précis. Je creuse à l'aide d'un bout de ferraille « tout de bricole », plat, recourbé au bout. Sous la pierre, je repère une trace jaune avec l'empreinte des vers, j'y découvre de la « pellure », du ver de rocher mi-tendre, mi-dur. Mais la plus dure qui tient à l'hameçon, la meilleure des *beite* et la plus rare, c'est le *sandao*. De gros vers que je déniche dans les graviers à une place que je garderai secrète. Les vers de vase, à comparer, c'est rien qu'une belle cochonnerie toute molle. Pour déterrer le *sandao*, je m'ancre dans le fond de la mer à cet instant, dans la basse iâo, quand ça découvre. Mais j'oublie jamais de ne pas m'attarder, marette ! Je me démerde vite fait, la mer revient ! Comme lors des grandes marées, l'eau part plus loin, mais se ramène aussi plus vite qu'en temps normal. Quand la mer remonte de basse iâo, tu prends des gros *vrâs*, ça mord sur le fond. T'as juste le trou de deux varechs entre deux rochers pour mettre tes lignes, si ta ligne déborde t'es cuit, les roches ne la protégeant plus, tu peux la perdre. Car dans la mer, les rochers font office de haies et protègent des courants.

J'ai pas encore essayé de beiter avec les vers de terre, je me suis toujours dit que je le ferais.

Pour pêcher du bar, c'est sérieux, faut du cabot, on le trouve dans les mares entre les roches. Mais aussi du lançon sur le sable. Les vents doivent être d'ouest chez nous pour le bar. Avec la vouétène, comme je l'ai expliqué, c'est bon pour la mer mais pas pour la terre, l'eau est brouillée, les poissons mordent mieux, ils se font avoir. Ils ne voient pas l'hameçon ni le fil. La vouétène, ça remue du fond. Ça ramène au puits de la maison, c'est lié, je sais quand elle arrive en écoutant mon puits, ça grouille à l'intérieur comme un monstre voulant en sortir.

Manger la mer

Après quelques heures de pêche, je remonte à la maison et les sœurs sont toujours curieuses de découvrir mon butin. Autrefois, maman et le petit frère regardaient dans ma hotte.

On mange nos produits tels quels, sans mayonnaise ni sauce. Parfois, Marie-Jeanne, ma plus jeune sœur, nous épluche les bigorneaux à l'aide d'une aiguille à couture, elle y passe des heures pour une bouchée, puis elle les frit sur la poêle au fond doré par une échalote au beurre. Du boulot pour cinq minutes. Mais quel régal !

Au naturel on préserve le goût. Ma sœur se prive pourtant des produits de la mer ; depuis un scanner elle a fait une allergie quand on lui avait mis de l'iode, ça la grattait après sur le corps. De l'iode artificiel, penses-tu donc, pas étonnant !

J'aime les têtes de poisson, pas les têtes de lapin, ça c'est poubelle. Ma nièce, quand elle voit le poisson cuire et que la tête arrive elle s'exclame aussitôt :

— Ça c'est pour la poubelle !

Pour moi donc.

Je ne me fais pas prier, j'apprécie particulièrement les yeux, un régal. Les yeux de colin, tous les yeux des poissons. Seulement je ne mange pas la petite boule dure quand même, je la jette au *cat* (chat), je suce le moelleux de l'œil. Le cat attend sur son derrière, tranquillement, et dès qu'il voit que j'ai la main à la bouche, il s'approche. Je ne laisse pas même dans mon assiette les épluquettes, les carcasses et petits os ou arêtes à gratter, pour moi ce sont les meilleurs morceaux.

En 1950, papa, avec un ami venu boire le café, racontait qu'ils avaient trouvé un Allemand en 1944 dans le port de Cherbourg, les *calicocos* (bulots) lui avaient mangé les pieds, à la place, ça faisait deux tas de calicocos les uns sur les autres. Ils ont démoulé les bottes et n'ont rien retrouvé !

En entendant cette histoire, j'ai commencé à plus vouloir en manger. Et puis les pêcheurs et les gens du canot de sauvetage de la SNSM le savent : quand on retrouve un cadavre dans l'eau, ses parties molles sont béquetées par ces mollusques, en commençant par les yeux, le cerveau et j'en passe, si tu vois ce que je veux dire… Ce qu'un humain a de mou part en premier !

Enfin bon, ces mollusques valent pas mieux que Paul, je commence moi aussi par les yeux des poiscailles, mais on dira pour moi que c'est pas pareil !

Pour manger la mer, pour devenir un bon pêcheur y a des p'tits trucs. Mon père m'a toujours certifié que si tu as un congre pas loin à la gueule de ta houole, un homard y mue. Le congre l'attend pour le croquer sans sa peau, oui, il l'attend pour le bouffer. Aussi, souvent, j'ai pêché des homards ayant mué, sans peau, étrange à attraper mais c'est forcément aussi bon. Seulement on doit relâcher les étrilles comme les homards qui ont des *mouorets*, des œufs sous le ventre. Les gendarmes un jour ont vérifié notre pêche sur le parking avant qu'on reprenne la bagnole. On a montré gentiment nos hottes, ils voulaient savoir si on avait pris des crabes avec des mouorets, des goufiques, puis ils nous ont fait souffler dans le ballon, j'ai tenté un :

— Je vais tirer mes lunettes.

— Ben pourquoi ? a fait le gendarme agacé, parce que je ne trouvais pas un endroit pour les poser.

— Parce que ça fera deux verres de moins !

Auguste, mon frère aîné, était fou de rire. Après il m'a mis en garde :

— Fais attention avec ça, un de ces jours ils vont t'embarquer !

Un jour, juste après un naufrage, un bon nombre d'entre nous avaient vu un bonhomme embarquer la grosse malle du capitaine et la cacher sous son chargement attelé à un bourricot. On savait qu'il avait récupéré le magot, des biftons c'était certain, mais on était cons en c'temps-là, on n'a jamais osé lui demander ce qu'il avait trouvé. En passant près de nous, alors qu'on salivait, il nous avait fait un simple signe de main :

— Salut les gars, quel sale temps !

On avait eu l'air fin à regarder sans un mot son bourricot passer avec le trésor du capitaine ! On aurait mieux fait d'y arracher son varech pour voir ce qu'il cachait dessous, ça nous aurait évité d'en parler durant un demi-siècle.

Ensuite, il affichait une montre de gousset en or dans sa poche. Comme tout secret, personne n'en disait mot mais tout le monde était au courant !

Moi je ne remonte pas de magot mais des homards ou des gros bars, ça rend heureux des petits trucs comme ça. Ça semble rien mais manger la mer, ça s'apprend en une vie.

Laisser la place

Les sœurs sont discrètes mais connaissent des histoires dans le village, surtout celles des naufrages, chacun à sa façon a récupéré des petits magots « à gravage » sur la grève après les tempêtes. Certaines des vieilles, je veux dire celles de mon âge maintenant, venaient chercher leur beurre que nous vendions jusqu'en 2003 dans des assiettes « Prince Line », un naufrage d'autrefois.

On récupérait tout ici, l'histoire de notre côte se prolonge dans les objets. Les volets de ma maison, certaines de mes barrières proviennent des cargaisons de bois perdues. Les bateaux se racontent ici même par le beurre. On n'y croit pas comme ça, mais nous sommes liés par la mer et la terre, à côté l'homme reste un petit commis.

Enfin bon, pour en finir, personne, jamais personne ne viendra avec moi à mes houmas ; je veux bien parler de mes trous, mes houoles, mais pas les montrer. Enfin voilà, je vous ai donc décrit comment y aller, seulement j'ai mis une vie à les découvrir, si je les dévoilais j'aurais l'impression de la terminer. Ou si, peut-être à la lune basse, caché et sous un brouillard à couper au couteau, peut-être là je pourrais y emmener quelqu'un. Cette personne aurait si peur de s'égarer qu'elle n'aurait pas le temps de voir où elle met les pieds. Parce que, et je n'exagère rien, je sens mes cailloux, je ne pourrai pas me perdre, mais toi si ! En attendant je mange de la mer et je mange la terre. Je sais, tu te dis que j'suis un drôle d'engin ! Mais si tu déniches mais houoles, c'est que t'es malin, faudra quand même te méfier de ne pas te faire embarquer par les vagues, ça me ferait quelque chose pour mon homard que j'aurai perdu, que tu auras pêché, et pour toi qui te seras noyé !

Mes houoles c'est mon silence, ma petite vie privée. Mes matins sur la maé et mes nuits sous la lune.

Ça va arriver quand même que je vais faire comme mon père a fait pour mon frère et mon oncle pour moi. J'emmènerai mon neveu ou une personne de mon choix, une seule, pas deux, et j'irai lui montrer plusieurs fois mon territoire, je passerai le secret. Ça voudra dire que je me sens affaibli, que c'est pas loin de la dernière fois que je me traîne à la maé.

J'avancerai peut-être à quatre pattes mais j'irai, *magène* (assurément) !

Quelqu'un, alors, marchera dans mes pas. Pour mes houoles ou pour autre chose, faut laisser la place, on n'y coupe pas.

Et mon père, mon oncle et moi, ça te donne cent trente années d'expérience de basse iâo, sans compter les arrière-grands-parents !

Le silence

Françoise, autrefois, avait attrapé une pleurésie, elle s'enniâait à attendre de guérir. Elle mangeait plus, tellement prise d'*ergue* (tourments). Je lui préparais son repas, souvent du bifteck ragouillé avec des goufiques, elle mangeait quelques bouchées. Je la faisais boire aussi.

Je ne savais plus quoi faire pour elle. Un jour, je rentrais de la maé avec un beau homard, je lui ai apporté en haut dans sa chambre encore vivant, il dégoulinait de flotte, tant pis pour le parquet. Elle a senti d'un coup le « fond de la mer », elle allait déjà mieux, je l'ai vu dans son regard, je venais de lui donner l'envie de guérir plus vite et de retourner dehors.

Dans un vrai silence, pas un silence obligé, tu entends ton bruit à toi. Le silence a toujours de la liberté en lui, je pourrais pas être enfermé et l'approcher. La maladie avait enfermé ma sœur, l'odeur de la mer, c'est le contraire, l'avait envahie de liberté, c'est pas à dire, ce parfum, et y en a pour tout le monde !

En vieillissant, les événements comme les saisons se renouvellent, je me souviens d'une expérience de silence. Lorsque ce 15 juillet 2008 à Cherbourg, le *Queen Élisabeth II* a fait escale, je me suis revu soixante-dix ans en arrière. J'observais deux voisines dans nos champs de par en bas, assises sur un mur fichu en l'air depuis par les Allemands pendant la guerre. Quand je suis passé, elles voulaient que je me joigne à elles :

— Viens-t'y, Paul ? Viens-tu ? Le *Couenne Élisabeth* va passer ici dans la journée.

J'entends encore leur « Couenne Élisabeth », je prononce comme elles ! J'ai rejoint ma mère et je l'ai vu passer, ce gros bateau, près des côtes, extrêmement près des rochers. Il filait, l'eau à ras de la coque, grand et majestueux, sans bruit. Oui sans bruit, ça te prenait au-dedans tellement il était beau, et t'imaginais que ce qu'il y avait dedans devait l'être également.

Le *Couenne Mary*, personne l'a vu passer en 2008, il flottait plus au large que son frère soixante-dix ans plus tôt. Et le brouillard, la brume, la pluie se sont invités jusqu'au soir. Ça a fait comme pour l'éclipse en août 1999, on s'attendait à la voir et on n'a rien vu, des gros nuages échappés nous sont tombés dessus, seulement, on l'avait ressentie, cette disparition du soleil, par les bêtes et le corps et par le son de la nature complètement coupé.

La nature et le bruit se marient ensemble, le bruit silencieux infini me semble difficile à atteindre, car en l'atteignant on atteint la solitude.

La solitude, tout le monde la supporte pas. Si tu es accaparé par les contraintes, si tu as des emprunts sur le dos (ce qui n'a jamais été mon cas), si tu penses à tes contrôles à venir — vétérinaires ou financiers —, si tu as des dettes, ton silence alors est brouillé et devient impossible. T'es jamais seul, t'es « poursuivi » si je puis dire, poursuivi en dedans de toi par tes dettes.

Le vrai silence, comme là avec toi, ça te porte à l'apaisement de solitude, la réflexion donc. T'as la brise légère, elle te souffle sur le corps, tu entends beaucoup de choses dans l'air. L'abandon de soi, tu ressens de toi dedans, dans le calme. Et tu ressens des autres, la paix t'envahit comme un beau paysage.

Parfois, de mon jardin, je vois arriver des visiteurs, certains mettent leur main sur notre barrière comme si j'étais devenu le bienheureux Thomas Hélye. Pas de danger ! Il est mort depuis longtemps et avait choisi son silence dans le dépouillement et la pauvreté, je ne suis pas aussi riche d'âme.

Je vis ma vie dans mon silence ou dans mes paroles, je veux bien rester un sacristain dans ma cathédrale de verdure. J'aime beaucoup cette image, car, sacristain, je le suis pour ma petite église qui s'agrandit plus encore chaque jour, car même dehors je vis avec Dieu dans la Hague.

Cette spiritualité me semble importante. Attention, j'oblige personne. J'ai de la chance, voilà. Je vis avec et pas à côté. Ça fait peur, le mot de Dieu, tu as des gens qui se disent tolérants, quand tu leur parles d'agriculture, ça va, par contre si tu racontes comment la graine meurt en terre pour germer puis pousser de nouveau, alors ça va plus.

Mourir pour revivre.

Tu as des choses qui dépassent l'intelligence humaine, c'est ma conviction.

Je ne suis supérieur à rien. Le mot de diable me dérange. T'en as d'autres c'est le contraire, faut de tout pour faire un monde.

Un jour quand même j'ai eu peur du silence, j'ai douté de mes pas. Mais pas de Dieu ! J'ai dû faire face à une impression que l'autre, le mauvais, s'approchait de moi. Au pied des falaises en pleine lune, je me suis attardé et là, les reflets de la lune, la mer qui se taisait, les couleurs ont changé, vraiment changé, ça me rappelait la guerre, mais sans un souffle. Mes pas résonnaient comme si soudain j'étais seul sur la terre, ça tapait, j'entendais le dedans de mon corps comme un écho. Quinze ans plus tard j'en tremble encore, de cette impression de calme désagréable et de trouble. La nature s'est tue un instant, et j'ai cru durant un petit moment que le démon allait en profiter pour s'approcher du pays.

Là, après, t'es content de rentrer, de passer devant les portes des chambres des sœurs, de sentir qu'elles sont là, avec leur gentillesse et leur bonté. J'ai jamais su ce qu'on me voulait, mais ensuite j'avais de plus en plus de mal à aller à la mer la nuit, seul. Je prévenais quand je partais et quand je rentrais.

Au fond, le silence et la solitude, c'est différent, je ne suis pas un solitaire. J'ai subi la solitude dans mes années de travail quand les autres, les jeunes de mon âge, désertaient la terre, et ils avaient raison, pour gagner plus et avoir moins mal au dos. J'ai fait le bon choix, pour moi, je suis resté à ma terre, la terre que j'aime.

Le but, dans une vie, c'est peut-être de ne jamais subir le silence pour l'apprécier et connaître la tranquillité.

Les secrets

Un jour ça m'a pris, j'ai refait l'enduit dans la maison à l'endroit d'une ancienne cheminée. Ça tombait bien car j'avais ramené à la maison trois sacs de ciment, probablement un surplus d'une maison en construction, laissés « à la fosse », où on déposait des ordures à ciel ouvert. On jetait dans cette décharge des choses pourtant réutilisables. Je la visitais fréquemment.

Avec ces sacs de ciment neufs, je me suis mis à bricoler durant quelques jours.

Avant l'enduit, comme un peu avant le blé, ça demande tout un truc pour qu'il pousse ; j'ai décrotté la cheminée derrière le mur, nettoyé un peu pour laisser du propre. Dans le bûlin, une sorte de racoin où on dépose nos allumettes et le sel pour les laisser au sec, j'ai soudain senti du creux. J'ai asticoté la cavité comme pour mes homards et une pierre s'est détachée.

Elle a failli me tomber sur le pied.

J'en ai eu le souffle coupé, car depuis toujours on parlait d'un trésor caché dans Auderville. J'ai osé penser : « C'est le magot ! Celui du village de Merquetot a été trouvé il y a soixante-dix ans, maintenant c'est mon tour ! »

Un peu fébrilement, un truc pareil « ça te sue les doigts », j'ai mis mes grosses pattes dans le trou et j'ai fouillé à ma manière en étudiant les côtés et les hauteurs. Y avait une lampe à huile, enfin ce qu'il en restait, émiettée par les ans, elle en avait vu celle-là certainement, tellement rongée par les années. Les morceaux de rouille me collaient à la peau. Je craignais de me faire engueuler par les sœurs à sortir ces cochonneries.

À chaque morceau, je regardais par-derrière mon épaule si l'une d'elles se ramenait pas et je poussais les débris contre le mur à l'aide de mes bottes. Bon, enfin j'ai senti autre chose, je souhaite pas te dire quoi, c'est peut-être un magot, peut-être pas...

Je me suis mis à réfléchir, si quelqu'un avait eu l'idée de cacher un truc pareil à cet endroit, je pouvais y cacher quelque chose moi aussi. J'ai agité mes méninges un petit instant et je suis allé chercher un cahier. J'ai balayé mes petites affaires et j'ai écrit une page entière pour le gars qui trouvera l'endroit la prochaine fois, ce type pourra se dire « celui qui a écrit cela, il n'a plus de caries (il sera mort donc) ». Ce sera peut-être un Bedel ou non... J'ai chipé une boîte en plastique à Marie-Jeanne et j'ai refermé le trou du magot en imaginant toutes les fois où mes aïeux avaient dû y cacher leurs économies.

Ça m'a un peu ému. J'ai emmuré le pot de plastique avec mon message pour le prochain type et ce que j'avais trouvé de si poussiéreux et de si précieux. Et j'ai expliqué pourquoi je l'avais laissé là, les choses qui sont à certains endroits doivent y rester. Qu'elles aient ou non de la valeur.

Sans regrets !

Ensuite, pour faire joli, j'ai peint en blanc le mur et j'ai eu l'idée d'y imprimer trois épis de blé. J'en ai appuyé un avant que le ciment sèche, puis un autre, puis un troisième, du blé de mes cllos évidemment. Le symbole du pain, de la nourriture et du semeur, les trois symboles de la vie selon moi. Une sorte de communion d'avec les choses, bêtes et gens et beautés à préserver dans la nature.

Longtemps j'ai pensé aux veillées où on parlait des magots encellulés dans les greniers ou les jardins, dans les murs épais des maisons. Je me suis rappelé la fois où un très vieil homme avait oublié de dire à sa famille où il cachait sa cagnotte. Lorsqu'il est mort, une brave femme d'ici est venue dire à sa fille où son argent se cachait. Elle tenait ça de son enfance, elle l'avait entendu dire.

Donc, finalement, l'argent d'une vie d'un homme, tout son boulot, ça tient *enfroumé* (enfermé) dans un minuscule endroit, une place dans un vieux mur.

À Auderville, y a des trésors dans les maisons, y en a du vieux temps, et y en a qui en trouvent, ça se sait à demi-mot, des vieux billets qu'ont plus cours. Ça fait rire.

La réserve de charbon ou de bois a toujours servi de cachette pour les bonnes bouteilles. C'est la cave à calva des bonshommes qui se cachaient de leurs bonnes femmes pour boire un peu plus que nécessaire.

Mais parfois c'est du métal…

Quand on déniche du métal on rigole moins, et comme par hasard on en parle moins aussi ! Mon grand-père nous racontait qu'un trésor attendait son nouveau propriétaire dans la grande lande, à trois kilomètres de chez nous. Une femme à la manière de Babe Ozouf, une femme qui avait fait quelque chose de mal, était emmenée par les gendarmes. Elle savait qu'elle allait être mise en boîte (en prison), et traînait lourdement son magot avec elle, un gros magot sous ses jupes. Il pesait car elle marchait très très lentement. On a toujours dit qu'on l'avait vue quitter les gendarmes dans la lande pour satisfaire un besoin pressant. La maréchaussée l'avait laissée un bon moment. Débarrassée de son trésor, elle allait plus légèrement ensuite.

Si quelqu'un l'a chez lui, il n'en parlera jamais, en tout cas, c'est pas moi. Mais régulièrement on a pu remarquer des trous là-bas, creusés avec des pelles.

À la cour d'Auderville, à l'époque où on creusait et où on découvrait les tombeaux d'Égypte gorgés d'or, M. Duchevreuille fit fouiller un tumulus, quatre pierres plantées en rectangle. Des grands, des hauts de la haute, des cravatés se réunirent pour l'occasion, ça tournait en tous sens d'excitation. Les vieux nous ont raconté, les témoins retenaient leur souffle en espérant sortir de là-dessous des merveilles. Après plusieurs jours, ils sont entrés dans le tombeau, mais en guise d'or ce sont des cendres et des ossements calcinés qui les attendaient.

En revanche ici, les « gens d'ailleurs », les horsains, s'inquiètent souvent des « piquets aux Allemands », des poteaux érigés à la frontière juste avant la baie d'Écalgrain où pendant la guerre ils avaient posé un poste d'observation, une cabane en bois. À cet endroit et toujours vers Jobourg, on peut découvrir des silex taillés. Les gens pensent que c'est notre Carnac, on ne les contredit pas, ça fait plaisir.

Mais ce que l'on trouve le plus souvent dans nos champs, ce sont des petites pointes de flèches taillées dans du silex, elles proviennent du temps des Vikings. Enfin je suppose. On dit qu'elles protègent les maisons des mauvais sorts.

Et nous avons les gratteux à vaches. Ces gratteux sont autant de pierres qui fascinent. De grands blocs de granit érigés au milieu des champs qui permettent aux vaches de se gratter la couenne lorsque les mouches et les taons les assaillent. On en a ri des années, certains même venaient avec des poêles à frire, espérant l'or des Celtes.

Seulement, dans une commune voisine, un chercheur de trésor, avec sa tête de poêle à frire et sa panoplie de fouineur, alors qu'on se moquait de lui depuis des années car il revenait chaque été, a déterré quelque chose et cela juste au pied d'un gratteux. Ce quelque chose valait la peine. Nous sommes restés sans voix ! Et il a partagé sa découverte avec le propriétaire du champ.

Pour ce qui me concerne, un matin je labourais et soudain mes yeux se sont penchés tout seuls vers une minuscule motte de terre (ça me fait pareil quand je repère une belle pierre pour rafistoler mes murets). J'ignore encore pourquoi mais, comme attiré, j'ai gratté la terre avec mon pouce et je me suis aperçu qu'il s'agissait d'une petite croix avec un Christ encastré en ivoire.

Je l'ai fourrée dans ma poche.

Ma poche qu'elle n'a plus jamais quittée. J'ai pris ma découverte comme un signe et je l'ai enveloppée dans un papier puis mise à l'abri dans une minuscule boîte de réclame pour du chocolat en poudre. Dans cette boîte se trouvent également mes cachets pour le cœur, pour le cas où, et une médaille de sainte Thérèse qu'un jeune homme m'a offerte autrefois.

L'argent ici, dans notre coin du bout du monde, « c'est pas de quoi qu'on cause facilement ». À Saint-Germain-des-Vaux en 1900, une vieille femme possédant un grand bien a été poignardée. Rentrés par la fenêtre, les meurtriers aussitôt disparus ont laissé une tache de sang qui paraît-il se voit encore sur le plancher. Plusieurs personnes ont été accusées et leurs descendants ont porté la *dépurée* (honte) longtemps, ils se la sont transmise de génération en génération. Pourtant, dans le village et les alentours, on savait à peu près tous qui avait fomenté le meurtre.

Le prétendu coupable, un homme avec son chapeau haut de forme, avait été vu ce jour-là avec sa belle voiture à cheval traînant dans les chemins tout proches de la maison et attendant probablement les meurtriers à sa solde.

Malgré cela, comme les coupables n'avaient pas été ramassés, pendant ma jeunesse et même après guerre, un climat suspicieux existait par ici et on avait peur de laisser traîner les enfants dans les hameaux et de parler d'argent. Les esprits semblaient happés par cette histoire. Même aujourd'hui avec les vieux on en parle encore ! Cette fois c'est certain, en 2008, celui qu'a fait le coup, il peut plus nuire !

Moi aussi j'ai commis des crimes, des péchés dont je ne suis pas fier. Dans mes années folles de jeunesse, je partais à la chasse avec ma carabine, un fusil que j'avais traficoté, je descendais à travers champs, pas loin du village. Soudain la haie près de moi a commencé à vibrer, les broussailles ont frémi. J'ai retenu mon souffle, j'ai épaulé et PAN ! « La tête à Paul » lorsque j'ai vu mon lièvre transformé en gros chat brun. J'ai cru à un moment être tombé sur un fantôme comme ceux qui sillonnent la Hague et qu'on m'avait fait une bonne blague.

Un bon moment après j'ai croisé une petite vieille, elle m'a coincé pour me parler et pas question de l'éviter :

— On voit que la *cache* (chasse) est ouverte, mon gros cat est parti, je ne l'ai pas revu, tu ne l'aurais pas croisé, toi, Paul ?

Et moi, rouge et pas très à l'aise, d'oser un :

— Il a peut-être fait une belle rencontre, qui sait ?

Pauvre mémère…

L'année suivante, un dimanche, je me rendais dans notre lande des monts avec Mirza, notre fidèle chienne qui chassait pas comme d'habitude. Elle s'était mise à jouer devant un buisson en sautillant en tous sens. Mais plus question de tuer un chat, de tirer dans un buisson à l'aveugle. J'attendais que sa majesté le lapin sorte de sa cachette. Pan… rebelote ! J'ai tué un énorme lapin, seulement c'était pas un garenne, mais un gros mâle et, je l'ai appris plus tard, un gras qui s'était échappé d'un clapier. Son propriétaire se faisait une fierté depuis des années de le faire devenir le plus gros lapin de la Hague. J'en ai bavé de le rapporter à la maison, de remords et de gêne et parce qu'il était énorme. On l'a mangé quand même…

Tu vois, j'en ai fait aussi, des choses pas jolies-jolies, alors lorsqu'un voisin m'a dit avoir vu une femme embrasser mon paletot déposé sur ma barrière, je me suis dit « ça va plus ». Non, « ça va plus ».

Depuis lors je ne laisse plus traîner mes affaires. Cette dame devait être complément « craquée ». Parce que je ne suis pas un saint, j'ai fait des erreurs dans ma vie. Parce que je suis Paul simplement, avec mes défauts et mes qualités, je ne me pose au-dessus de personne, c'est plutôt le contraire pour moi.

Le grand-père Bedel

On avait des vedettes, autrefois, dans nos villages, comme à Auderville un vieux bonhomme toujours assis sur la pierre ronde de sa maison. Il attendait la fin de la messe pour réclamer des sous :

— T'as mis des pièces à la quête pour un bonhomme qu'existe peut-être pas et qu't'as jamais vu, tu peux bien me donner trois francs pour mon ballon de rouge !

Tu peux interroger les vieux, ce brave type sur sa pierre, ils s'en souviennent. Comme on se souvient de mon grand-père.

Le grand-père savait des choses, et des choses, il s'en passait dans la Hague. Beaucoup sont racontables, autant ne le sont pas.

Dans notre village d'Auderville passait l'acheteuse de peaux de lapin. On l'entendait arriver de loin avec sa grosse voix et son petit tacot :

— Peaux de lapin ! Peaux de lapin !

Et le grand-père répondait joyeusement :

— Peaux de lapine !

Le pépère m'impressionnait, à hurler dans la rue. Presque gêné, je me cachais derrière la haie pour voir la réaction de la vieille à la dégaine de sorcière :

— Vieux crabe, va me chercher tes peaux si t'en as, vieux machin, t'es content que je vienne t'en débarrasser !

La tête dans le foin, lorsqu'il faisait si chaud l'été, on buvait avec lui un petit coup, le plus jeune des enfants descendait au ruisseau où le vieil homme avait planqué des bouteilles de cidre. Le malheureux avec ses petites jambes n'en pouvait plus à la fin de la journée, ça l'occupait. J'y suis allé, mes sœurs également puis même après la mort de pépé.

Ce temps de mémoire, des gens et des lieux, je peux te raconter. Mais des informations mondiales, pour moi, c'est plus compliqué. Pour se souvenir, il faudrait être allé où les choses se passent.

Guste, mon grand frère, traînait toujours avec ce vieil homme. En allant vers Goury, dans le virage, dans une ancienne carrière servant de dépotoir, mon grand-père avait remarqué un vieux broc, haut comme un bidon de lait mais affiné sur les petits bords pour faciliter le versement. Pépé ordonna à son petit-fils :

— Mets le broc au milieu du virage, on va le remplir de cailloux, comme ça, les fous qui vont trop vite avec leurs bagnoles seront obligés de s'arrêter, ça les ralentira un peu !

En 1937, il passait à Goury une bagnole à moteur tous les huit jours, pas plus ! Le progrès comme la vitesse, ça lui fichait la pétoche. Aujourd'hui il deviendrait fou !

Pépé faisait le commissionnaire jusqu'à Cherbourg une fois par semaine. Il apportait un demi-cochon à un charcutier, le beurre aux crémiers, la pêche aux poissonniers des halles de Cherbourg où il y a maintenant le grand magasin du Forum. Contre un peu d'argent, payé à la commission, il rendait service en se faisant plaisir. Aller à Cherbourg le changeait du village.

Seulement un jour, la jolie Marie M. lui a demandé de lui ramener un corset, le grand-père nous racontait avec fierté qu'il avait osé lui acheter et qu'elle l'avait chaleureusement remercié à domicile ! Après, on ne voyait plus Marie M., déjà devenue vieillie, comme avant !

Pépé faisait donc le commissionnaire et nous ramenait des histoires, mais à l'occasion il aidait aussi le curé bénévolement comme beaucoup d'autres hommes du village, enfin ceux qui étaient amis avec le bon Dieu. Un jour qu'il revenait de ses courses, il s'est joint à un petit groupe occupé à planter des pommiers dans le jardin du presbytère. Chacun attendait les ordres du curé. Cependant, il recevait le curé Bosset, un voisin arrivé sur les lieux avec sa voiture à âne. Ce brave curé devait avoir soif car il prétendit :

— Cher collègue, si vous voulez des beaux pommiers, vos ouvriers devront tomber dans leur trou avant midi !

Faut pas demander comment c'était. Le curé a abreuvé ses paroissiens à la goutte (calvados) pendant une heure, l'un des gars, le plus gros, ne remontait plus de son trou.

Des trous, ces gars en creusaient d'ordinaire pour les morts au cimetière, il fallait finir le travail et ne pas les laisser sans les reboucher.

Le but, c'était de les creuser, pas de rester dedans.

Ses collègues, dont mon grand-père, ont crocheté le bonhomme et l'ont mis sur la carriole du curé de Jobourg. Seulement sa bonne femme les a vus venir de loin, c'est la maison actuelle où à la barrière y a une pancarte « chien lunatique ». Elle voit son bonhomme arriver dans un triste état et va vers eux en leur gueulant :

— Vous n'avez pas honte de me ramener mon bonhomme dans c't'état-là ? Il va vous en cuire !

Ses compagnons prirent peur devant les menaces pourtant bien légitimes et lâchèrent la carriole. Le pauvre bonhomme s'est retrouvé vers le fond de sa cour, les gars se sont barrés vite fait en prenant soin quand même de vérifier s'il bougeait encore. La carriole a avancé seule, s'est renversée, les deux bras vers le haut. On raconta alors qu'il y avait un « deux-mâts » d'échoué à la côte à Goury.

Un noyé, oui, mais un noyé dans son jus !

Au début du siècle, et ça semblait formidable, il s'est passé un petit événement et on en a parlé durant des décennies, puisque c'est arrivé jusqu'à moi et jusqu'à toi presque un siècle plus tard. Les pommiers ont pris, je les ai vus donner durant des années des pommes énormes, des pommes ventrues comme le ventre d'un curé de canton.

Pendant la guerre, pépère avait soixante et onze ans, je l'ai dépassé de huit ans pour l'instant, éreinté, il marchait avec un bâton et boitait. Il ne connaissait pas les « mots d'aujourd'hui », il patoisait dur et même en français il « prêchait » (parlait) avec un si peu de vocabulaire, les mots d'autrefois ça allait vite, l'argot quoi. Les touristes (j'appelle les touristes les Allemands-Boches : ils sont venus sans être invités) sont arrivés en 1940, ils semblaient selon lui plus instruits, l'un d'eux suppliait :

— Messieu, toilette, toilette !

Pépé ne comprenait pas, il faisait mine d'être sourd en se décrottant les oreilles, l'une après l'autre, à l'aide de son petit doigt :

— Arrête de prêchi, vilain ! Si tu veux te laver va dans le puits chercher de l'iâo, bon sang, et si t'es pas content refous l'camp *t'cheu téi*[1].

L'autre fait mine d'enlever son pantalon. Alors pépé lui montre la cabane de jardin, l'autre tire à moitié la tête, ça cocotait forcément. Il se bouchait le nez à son approche et à l'ouverture, les mouches le cernèrent. Il moulinait avec ses bras en retenant son pantalon pour qu'elles le laissent tranquille. Alors mon grand-père a ajouté en brandissant son bâton vers lui, fou de rage :

1. Refous l'camp chez toi.

— Si t'es pas content, chie sur tei !

En racontant cette histoire, il ajoutait :

— S'il n'avait pas eu de pistolet, j'y aurais mis un coup de ragot !

N'empêche qu'il fit un peu de résistance, puisque sa maison fut occupée, sauf sa chambre et la cuisine. Les chambres d'en haut servaient de bureaux et des secrétaires allemandes et françaises venaient travailler chaque jour. Comme il s'ennuyait, tel un chien de garde il chassait « les bonnes femmes des Allemands » à coups de ragot. Il n'avait plus que ça à faire, il moulinait son bâton au milieu de la cour sans atteindre personne.

Nous reconnaissions les pauvres gens des riches, ceux dont on disait qu'« ils avaient plein de *pleumes* (plumes) » autrefois à leurs cannes : les riches les achetaient lisses et en bois précieux, nos vieux se les taillaient dans une belle branche lourde sans les couder.

Les Allemands en souriaient car il ne tapait pas.

Pépé profitait de la guerre pour dégouliner des histoires de celle de 1914-1918 où beaucoup y avaient laissé leur peau. On lui avait rendu ses deux fils : mon père avec des doigts en moins et mon oncle François, lui savait des choses, peut-être se parlaient-ils ? Ils m'impressionnaient à parler de la vie quotidienne de la guerre. Toutefois, des blessures ou des morts, rien ne filtrait.

Les toilettes dans les rivières où croupissait une eau de maladie et où ils se faisaient tirer dessus les fesses à l'air.

Les couverts qu'ils rangeaient dans leurs chaussures, couteau, fourchette, cuillère à soupe durant la nuit.

Et leur pain qu'ils protégeaient lorsqu'ils dormaient en le cachant sous leur bras. Le pain mis à couver, les rats venaient le leur grignoter durant leur sommeil.

Et comme la guerre rendait fou peu à peu, chacun se faisait voler son paquetage, sa ceinture, ses bougies…

Avec ce fourbi dans leur mémoire, les Allemands-Boches, les vieux ne les appréciaient pas du tout. L'air était en trop pour eux et notre beau paysage trop beau.

Nos pères sont revenus morts des tranchées, et comme ils vivaient encore peut-être, peut-être j'écris, fallait plus qu'ils parlent de ça. C'était pas pour oublier, c'était pour qu'on vive, nous, leurs enfants, avec autre chose dans nos yeux.

J'aime beaucoup les lettres parlant de ce temps, les lettres c'est pas comme les livres d'histoire, ça te parle des âges, des noms des gens, pas des grands capitaines, seulement des gens comme mon oncle ou mon père. Tu revenais en 1918 dans ta campagne entier ou t'étais foutu. On n'aurait pas eu intérêt à lui en parler, de cette guerre, à mon père, ça aurait voulu certainement dire qu'on pensait qu'il était plus bon à rien depuis qu'il en était rentré blessé. On n'aurait pas eu intérêt à le plaindre, enfin je suppose encore.

Et le pépère et son « ragot » avaient raison de se méfier des touristes de malheur, des envahisseurs.

Après les avoir asticotés en leur braillant dessus, au bout de deux ans, ils l'ont mis dans une étable, en bas de chez lui ; un nouveau chef venait d'arriver.

Mon grand-père si drôle, si savant, ne causait plus, plus un mot, lui qui avait mangé toujours dans la même assiette, jamais une autre, lui et ses petites habitudes, à le déplanter de sa maison, ils lui ont ôté la vie. Il a tenu un mois seulement, on ne pouvait pas le prendre avec nous car déjà nous avions la grand-mère handicapée de l'autre côté (du côté de la famille de ma mère). On n'avait plus de place.

Il est mort dans une étable, un p'tit racoin où parfois on faisait du feu lors des fêtes de famille pour cuire les grands repas de cérémonie, où ma tante pendant la guerre venait moudre le café avec de l'orge et autre chose, une sorte de poison dont je ne sais plus le nom.

Lui qui avait une des plus grandes maisons d'Auderville est mort reclus, dans sa tranchée, où à la seule force d'un bon bâton il n'a plus eu le courage de lutter.

L'arme du pauvre.

Je le vois encore tourbillonner dans sa courette et crier des horreurs aux malheureuses bonnes femmes, des femmes craignant plus le vieillard que la guerre. Il a mené sa guerre à sa manière, il ne l'a pas gagnée, mais quel courage il avait !

Son petit-fils ne l'a pas oublié, quelques décennies plus tard. Si la guerre revenait, je serais l'un des premiers à prendre un ragot taillé de mes mains, et je prendrais la relève en faisant le chien de garde quitte à, comme lui, perdre la vie.

Parce que la liberté, vois-tu, elle est dans moi.

Dans les champs au son du phare

Durant mon enfance, le phare de Goury envoyait un son grave, maintenant il t'envoie un maudit klaxon de voiture. Autrefois on entendait un son en prolongement de son éclat. Un boucan fort d'air comprimé dans un réservoir qui s'échappait, et ça boucanait en accompagnant notre travail.

Celui de l'île d'Aurigny beugle quatre fois et éclate quatre fois, le nôtre a toujours marché à un coup, un rayon et une corne. Pendant la guerre, il ne fonctionnait plus, on sentait le vide. Les Anglais l'avaient torpillé au pied, s'ils l'avaient démoli, notre paysage en aurait été bouleversé, personne ne l'aurait reconstruit aussi fort qu'il ne l'est encore.

Le phare accompagne la mer, la marine, mais aussi nous, les paysans, les Haguais. Tu l'as toujours sous les yeux, même si tu veux pas le voir, tu l'entends et tu le distingues la nuit, malgré les bougres de réverbères qu'on nous impose à chaque pignon et qui nous gâtent notre vraie lumière à la lune.

À mon âge d'aujourd'hui, il balaie encore de son éclat mon lit et quand je ne vois plus l'éclat, alors je sais quel temps il va faire, brume ou brouillard. Et sous le vent, sous le bruit du vent, même dans mon sommeil, si je n'en vois plus l'éclat, je me dis : « Tiens, la brume se lève, le phare est perdu, il va appeler à l'aide. »

Quelques instants après je l'entends gueuler. Sa lumière et son barouf, ça te fait comme une couverture en plus. T'as un compagnon et tu lui souris, sans lui causer, tu communiques avec lui.

Je suis allé lui rendre visite en 1947, les gardiens nous avaient invités.

Le dedans te jette du froid et de l'humide partout plus que du dehors.

Les étranges fenêtres te glacent tellement elles ne sont pas accueillantes. Pour regarder au travers, comme elles ont deux mètres de largeur, tu t'allonges pour voir le ciel, tu te couches, tu ne restes pas debout pour voir le jour ! C'est pratique ! Je veux dire, c'est pas pratique !

Quelle vie on doit avoir là-dedans ! Pour du coup t'as un escalier à monter si long qu'il m'a paru encore plus long à redescendre. Là-haut je suis sorti par la rambarde, j'ai regardé en bas et j'ai pris le tournis. J'ai pris l'impression de la terre, le courant te tourne et t'appelle, ça m'a fichu la caboche à l'envers, l'eau filait au bas du raz Blanchard, ça bouillonnait, ça t'appelait, ça t'estourbit comme une drogue.

Je me suis retrouvé dans un navire, je bougeais

avec le phare et la terre se rapprochait de moi. Je me suis vite fait ramener à l'intérieur, j'aurais fini par faire l'oiseau. Les gardiens remontaient la lampe à pétrole comme une horloge à l'aide d'un poids, un gardien se relevait à heure fixe et actionnait la manivelle.

Le métier de gardien de phare, c'est sacré, ça buvait pas en service, ça déconnait pas, les gars connaissaient leur lumière. La lumière des marins vient du sacré, de l'humain du sacré j'entends. Aucun gardien de phare n'aurait oublié de se réveiller parce que, de la terre, on l'aurait vu. On croit que c'est les gardiens qui nous surveillaient mais au fond c'est nous qu'on les surveillait.

Les femmes des gardiens communiquaient avec leurs bonhommes en tirant les rideaux de leurs maisons, elles avaient inventé un code. Ces maisons situées sur le port de Goury ont le téléphone maintenant ! Et le phare grogne seul sans personne pour le réveiller et l'allumer, comme mes cloches, il marche au tout-automatique.

Ça ne s'explique pas pourquoi des hommes aimaient vivre en hauteur dans les tempêtes. Gardien de phare, je n'aurais pas pu le devenir je crois, trop humide, trop sombre, trop étriqué et surtout trop haut, je ne me plais que les deux pieds sur la terre, quand le vent me fouette la « gouole » et qu'il me pousse dans mes petites *caches* (sentiers).

Donc avant la brume, juste avant la neige on entend le phare, quand t'es petiot il veille sur toi, le phare de

Goury. Quand il braille, il est aveuglé par un vent de nord-est, « c'est qu'il ne voit plus », la neige arrive, il gueule pour qu'on sache où qu'il est, comme un égaré.

Nous, les enfants, dans la maison nous étions tout excités quand on ne l'entendait plus, car combiné avec un vent d'est ou nord-est la neige arrivait et couvrait le chemin devant la maison. Cette étendue blanche nous envahissait en rendant l'eau plus proche, l'océan à portée de main. On s'inquiétait un peu si nous avions mis des hameçons, car la neige venait jusqu'aux plages, on perdait alors nos lignes pour quelques jours.

Mais nous étions encore plus inquiets pour ceux des champs, car nous pêchions dans les champs ! Tu penses, « ils sont complètement fous les Bedel ! ».

La neige

Tenus par des paillots, des poignées de paille entortillées d'une ficelle et enfoncées dans la terre, on posait sur nos terres des lignes de vingt mètres de long avec des hameçons à rivière beaucoup plus petits donc que ceux pour la mer. On bêchait quelques vers de terre afin d'attraper des vanneaux, des « tatias », des grives bleues.

Pendant la guerre, au-dessus de La Vallette, mon père et moi nous nous approchions de nos lignes quand on a entendu des tirs de fusils. Il neigeait. Les Américains en poste tiraient avec des fusils boches sur nos vanneaux enlicotaés, pris par le bec et le cou. Des fusils qu'on dénichait partout en 1944. Les plumes volaient et entre deux on entendait les gros éclats de rire vulgaires des soldats. Mon père m'a retenu par la manche. Pauvres bestioles, nous avions eu un peu honte pour du coup. Quelques jours plus tard, la neige ayant fondu, face à un tel acharnement il ne leur restait plus que les plumes.

Sinon, lorsqu'il neigeait, nous attendions le dégel, le lendemain ou le surlendemain, le froid conservait les dépouilles.

Pour attraper des oiseaux aux grands gels on ouvrait également les bûlins[1]. Là, on ramassait les oiseaux de faiblesse entrés se mettre à l'abri. Maman les plumait ensuite et une de mes cousines venait chercher les têtes. Une fois cuites, elle les suçait à l'os et personne mais vraiment personne n'aurait pu lui faire entendre raison, on les lui donnait sans hésiter. On ragouillait ça dans la cheminée avec des légumes, les volatiles cuisaient lentement. Maintenant, à raconter, quand j'y pense, nous vivions de débrouille et de pas grand-chose. C'était notre force. En temps de famine on aurait eu du mal à mourir de faim.

Un jour de neige, papa a voulu aller à la mer. À l'époque des marées, on ne dormait presque pas tous les deux et il m'entraînait avec lui, je lui disais jamais non. On est partis de la maison, la terre craquait de gel sous nos pieds, nos bottes crissaient sur la route, même avec un bâton on glissait. Nous avons tendu le filet au froid. Les mulets montent au froid et se réfugient dans les fonds. Le filet rempli, je regardais les canards passer sous nos têtes ; chasseur à l'époque, les canards avec le froid je ne les aurais pas manqués, ils arrivaient à plein dans le ciel.

Avec mon père je ne choisissais pas, fallait qu'on tende, on a tendu, on a mangé du mulet, si j'avais osé

1. Trous des chenils que l'on bouchait avec de la paille en hiver.

lui dire non, on aurait béqueté du canard sauvage ! De tripoter le poisson dans le froid, je t'assure qu'après le café est bon en rentrant et t'arrêtes de faire la griche.

La neige, sans blaguer, c'est un emmerdement pour le paysan, du travail supplémentaire, ça change tous les jours avec le blanc.

Le vert et le blanc ça va pas, c'est joli un moment, mais ça va pas. Les étables se remplissaient des vieilles bêtes, on devait leur donner à boire à seaux, apporter de l'eau plusieurs fois par jour aux vaches, changer leurs litières.

J'allais avec mes bottes de foin sur le dos, sans trop avoir froid, mais je n'y voyais rien à rejoindre les landes. Le foin me tenait un peu chaud. Suivant la hauteur de neige le matin et le soir ça me prenait quatre heures.

Je cassais la glace également pour que les jeunes bêtes des landes boivent, ça regelait aussitôt. Je passais donc ma journée aux vaches ! J'arrivais le soir avant la tombée de la nuit, sinon je ne les distinguais plus, enfouies sous la neige elles prenaient la forme des congères. Piquets (ajoncs) et bétail se confondaient en petits et gros monticules. On ne doit jamais enlever la neige sur le dos du bétail, le poil humide sous la couche protectrice se met à geler et les bêtes prennent le froid, j'en ai vu une grelotter, comme prise de fièvre car je lui avais tiré son manteau glacé.

Parfois, quand la neige ne s'agglutinait pas trop en congères sur le chemin, je prenais le tracteur, il faisait la toupie avec le gel et nous partions lui et moi, vers

La Roque, un hameau se trouvant à l'opposé de la route que je devais prendre.

Souvent, la veille, quand je prévoyais qu'il allait neigeoter, j'emportais quelques munitions par avance, quelques bottes posées en début de champ.

En 1961, en allant *trachi* mes *bercas*[1] qui n'avaient plus rien à bouffer, j'avais creusé un chemin avec ma pelle, le temps de remonter j'ai dû creuser deux fois, les congères s'agglutinaient dedans.

Une autre fois, car notre métier est prévoyance, avec Marie-Jeanne, on va chercher les bêtes au champ de Mézette pour les remonter à l'abri au clos du Miranda de bas. La neige s'est mise à tomber accompagnée de brouillard. J'ouvre la barrière, les vaches devaient me suivre, ma sœur fermant la marche, soudain ma sœur m'a rejoint, je n'avais pas vu les bêtes passer tellement le mauvais temps était dense ! On les a retrouvées dans un virage, les unes contre les autres se protégeant du froid comme possible.

Le froid changeait le rythme et mélangeait tout.

Malgré l'épuisement de ces journées spéciales à neige, je m'échappais souvent une petite heure pour aller à la chasse, tuer quelques vanneaux ou des lapins. Papa était encore en vie.

J'ai arrêté d'aller à la chasse à sa mort, lorsque je me suis posé des questions sur la vie, à la fin des années cinquante.

---

1. Chercher mes moutons.

Conserver sans pourrir, ne rien jeter

À la maison, on a toujours fait en sorte de ne pas utiliser de produits conservateurs qui pourrissent les aliments, en temps de guerre comme en temps de paix, cela nous a beaucoup servi.

Pour le sel, une grande marmite à bouillir de l'eau de mer et on attendait l'évaporation. On prenait les *cânes*, des cruches rondes en cuivre avec une anse pour mettre le lait avant l'existence des bidons, et nous partions en expédition jusqu'à la mer pour les remplir d'eau. On chauffait durant une journée entière, nuit comprise, l'eau dans la grande bassine, et on en profitait pour hisser le jambon dans la cheminée. Avec ce système qui ne coûtait pas, alors que le sel devenait introuvable, on en récupérait un verre entier. Par contre on penserait que l'on peut cuire les légumes dans de l'eau de mer directement, mais les aliments prennent un goût amer. Nous avons toujours utilisé l'eau douce du puits pour la cuisine.

Pour faire bouillir l'eau, nous allions chercher du bois dans les landes où les Boches avaient fichu le feu. Des piquets dont la tête avait cramé, il restait le tronc. On était dégueulasse après avoir transporté le chargement. Tout travail est dégueulasse au fond, c'est le prix quand on fait soi-même. Dans la Hague, nous n'avions pas de bois de chauffage. Là, ce que nous avaient laissé les Boches, c'était plutôt du charbon.

J'ai vu d'autres familles conserver les fruits en les enrobant de paraffine, les poires s'y prêtent. La sciure de bois aussi est très précieuse et certains procèdent ainsi : dans une caisse, une couche de sciure, une couche de fruits (qui ne se touchent pas) une couche de sciure.

Les châtaignes, elles, se conservent dans le sable sec.

Mes asperges, celles que je déguste avec mon œuf le matin comme un roi, je les remplace tous les vingt ans. Les nouvelles ne donnent pas durant trois ans. En attendant je mange les vieilles, qui ont moins de rapport.

Je conserve mes poireaux en les déplantant au printemps, je les couche en leur laissant les racines dans une nouvelle terre fine, je les borde. J'ai formé une « nourriche », une sorte de nid avec de la terre souple, cette nourrice les garde du printemps jusqu'à la fin de l'été.

Les pommes de terre et les carottes restent dans un grenier à l'abri de la lumière, à l'ombre sèche, faut jamais les remuer.

Les oignons, eux, sèchent la tête en bas.

Tu l'as compris, je conserve mes légumes et mes fruits comme je conserve le bonhomme : pas d'emballage superflu, pas de vêtements en grande quantité. Bien se nourrir, bien dormir, se protéger des mauvais vents, de l'humidité, rester actif, des méninges et des muscles, sans trop de produits toxiques !

Sans pourrir.

Chez nous on a l'esprit de conservation. Les hameçons du père sont restés piqués dans sa hotte. Dans la hotte fabriquée comme la mienne par ses mains.

Sa bêlaée est demeurée elle aussi dans la chambre à grain, avec les attelages. Les lignes, je les ai juste pendues sur le mur, près du bateau qui servait pour filer. Et ses filets, je les ai laissés tels quels, comme il les a accrochés pour la dernière fois en 1959.

J'ai repris la ferme depuis avec mes sœurs et nous avons soutenu notre maman qui élevait encore notre si jeune frère à la mort du père. Je regarde son matériel et je me rappelle « combien de souvenirs de misère » nous avons eus tous les deux. Le froid et la fatigue, le sommeil perdu, et ce plaisir que nous avions malgré tout à pêcher.

C'est rien mais c'est tout, cette richesse de mémoire.

J'ai eu ensuite mes propres filets. Je n'en pose plus car on n'a plus le droit d'en tendre, les lois européennes à ce qu'il paraît.

Je n'ai pas dépendu ceux du père. Pas question de toucher à ça. Quand je partirai pour le long voyage, je ne sais pas si quelqu'un s'en occupera, mais j'aurai fait ce qui, me semble-t-il, il aurait fait pour moi.

Un rappel de sa vie.

Je suis certain que si j'étais parti avant lui, en gardant mes affaires, mon père ne m'aurait pas lui non plus fait complètement disparaître de la vie terrestre.

Ses pinces, ses tenailles, ses outils, par contre, je m'en sers tous les jours. Comme sa faux, sa faux sacrée que j'avais cassée quand je manquais d'expérience. Je l'avais piquée en terre et crac, je l'avais mise en deux dans le cllos du « *tchien* (chien) des rues ».

Mon père avait acheté ce champ avant la guerre. J'avais sept ans quand j'ai compris qu'il était à nous. Il m'avait traîné avec lui sans un mot comme toujours. Arrivés dans le champ avec un banneau de fumier, nous avons commencé à l'étaler avec la fourche. Nous apportions du fumier à un champ dans lequel je n'avais jamais mis les pieds, alors je m'étais dit : « Tiens, quand on veut acheter un cllos, on apporte du fumier dedans et il est à nous ! »

J'avais vu mon père content à la fin de la journée, avec un petit sourire de rien. Naïveté d'enfant, mais, finalement, est à nous ce que l'on protège et nourrit, ce que l'on respecte.

Pour la faux, c'est pas un sourire que j'ai eu, c'est une grimace, une belle engueulade :

— Fais attention, Paul, aux outils, le matériel ça se respecte !

Rares sont les outils que j'utilise qui ne me viennent pas de mon père ; quand ma houe n'a plus eu de manche, j'en ai façonné un nouveau. Les vêtements de mon père ont été gardés également, je ne sais pas pour ceux de ma mère. J'ouvrirais l'armoire, ses cotillons sont certainement à la même place. Mais ça c'est l'affaire des filles. Jamais je n'irais vérifier.

La mer, pour mon père, c'était son plaisir, lui qui était revenu de la guerre de 14-18 avait mérité ce bonheur. Son matériel de pêche reste là, comme s'il pouvait le reprendre.

Comme tout ça est mystérieux.

Ça me rappelle sa présence, le plein, pas le vide. Pour les outils c'est différent, je les utilise car j'ai pris ses mains à la ferme et je marche dans ses pas pour semer le grain. Mais si je prenais sa hotte ou sa bêlaée, ou si je brûlais ses vieilleries, je pense, c'est bête à dire mais je pense que je le tuerais.

À la sueur de notre front

De moins en moins on gagne son pain à la sueur de son front. On nous promettait la fin de la famine avec les machines et les drogues, ça n'a pas vraiment bougé.

Toutefois on vit plus vieux, c'est certain.

Chez nous, les Bedel, nous n'étions pas des arriérés, très tôt nous nous sommes mécanisés, avant la guerre nous avions une batteuse-vanneuse « Simon frères » et une ratteleuse.

Seulement le matériel du père et celui que j'ai acheté quand j'ai amassé au fur et à mesure un petit tas, je ne l'ai pas changé pour un plus moderne. Pas besoin, mes cllos ne se sont pas agrandis.

En 1961, nous avons acheté une botteleuse « Guillotin » d'occasion. Nous avons cultivé mes sœurs et moi entre vingt-huit et trente hectares, jamais plus. Le gros matériel ne se prêtait pas à notre façon de voir les choses.

Les dettes me font plus peur que la faim.

Nous avons vécu sur nous-mêmes, sans emprunts.

Et de ce que je vois on a toujours faim dans le monde et les prix grimpent. Les animaux sont enlevés des champs, on remplace leur fumier de bouse par du chimique, la terre digère plus. En crise de foie, on l'a mise à l'hôpital, on ne revient jamais de l'« échafaud » (l'hôpital), un peu d'antibiotiques, de pesticides, un petit peu à force ça fait beaucoup. La terre en tombe malade, de ses médicaments, comme les corps humains. Le progrès, il en faut pour le médical, un peu aussi pour économiser la peine, mais après…

J'ai du mal à discuter avec les techniciens agricoles, certains seulement, ceux qui passent leur temps à soigner la terre plus qu'à la cultiver. Les bactéries comme les petits vieux préfèrent rester dans leur milieu, on ne peut pas imiter la nature.

La terre ramenée par les compensations d'après-guerre dans nos champs a mis vingt ans à revenir, mais elle s'en est sortie seule. Champignons, moisissures, rongeurs, bactéries, vers de terre ont eu beau travailler, le temps ne se raccourcit pas. Si tu charrues la terre trop fort, tu la mets au cimetière directement vois-tu, les bactéries n'ont plus d'air ! Tu creuses ta tombe.

L'humus, c'est l'humain, tu n'es pas frais sous un mètre de terre !

En 1961, j'ai donc acheté cinq cent mille francs légers, le prix de cinq vaches, mon tracteur, soit cinq mille francs lourds, cher mais abordable. Maintenant il coûte des années de production de céréales.

Ça t'étrangle avant même de tourner la clé, tes sous ne sont pas encore en banque que t'as déjà des années de labeur devant toi pour avoir le droit de faire le plein.

Je serais découragé si j'avais trente ans aujourd'hui.

Le Roundup, tu peux en mettre tant que t'en veux, d'autres plantes les remplacent, des plantes jamais vues dans la Hague, jamais, des fleurs qu'on ne voit pas par ici, des tiges bizarres, des machins dont tu ne sais pas même le nom.

Si tu abîmes une poignée de terre, c'est comme une cicatrice, tu t'en sors mais ça prend des années pour réparer. Les farines de poisson sont introduites en douce dans la nourriture des vaches, tu ne verrais pas des vaches d'elles-mêmes en train de brouter des carcasses. Elles dégustent et nous, les humains, on va déguster !

La vache folle n'a servi à rien, à rien du tout.

On produit des choses amenant la faim, en dépit du bon sens. Je suppose que l'homme veut créer de lui-même, se prendre pour Dieu. Des sortes de plantes ou de drôles d'animaux. Pourtant pour la création il a fallu des millénaires, des millénaires pour devenir qui nous sommes, doucement, pas d'un coup à toute vitesse. Ça ne peut pas tenir.

J'ai un raisonnement bête, je laisse parler les savants mais quand même, l'or des étables, je le connais, le levain de la terre : le fumier. Les vers se nourrissent dedans tandis que dans les lisiers épandus dans les champs, t'as tous les produits chimiques donnés aux humains et aux bêtes, tu les retrouves dans ta nourriture.

Les OGM ça fait peur comme les ovnis, comme la guerre, j'ai pas eu vraiment de vermine en soixante ans dans mes champs, il y avait une harmonie. Si tu tues les taupes, les vermines vont pulluler, tu auras beau les « sous-soler » elles remonteront. Tu peux tout tuer, y aura du reste, du rabiot. Ce rabiot, aussi petit soit-il, comme les petits partis politiques ça fait du raffut jusqu'à ce qu'ils aient gain de cause. Les petits, ça grossit plus vite que les gros !

Les OGM tu en mettras un peu et ça deviendra énorme. C'est au-delà de l'intelligence humaine comment on cultive la terre actuellement ! Les tomates sur la laine de roche et j'en passe... Les hommes veulent dompter la nature, les bêtes y vivent, et bientôt la culbute !

On m'interpelle souvent pour savoir ce que je pense du bio. Bio est un mot inventé, moi je suis un agriculteur tel quel, sans rien d'ajouté. Toutefois, j'y ai réfléchi, bio, « c'est le mot de la nature dans chaque main », pour moi ça veut dire « deux mains », deux mains pas plus.

Du progrès, il en faut

On a l'air d'avoir oublié : dans nos villages, et dans le temps, avant l'assainissement, les tubes passaient pas sous la route comme maintenant, avec les déchets des autres dont l'odeur calfeutrée ne nous titille plus les naseaux. Fallait vider les toilettes et pas seulement appuyer sur un bouton.

Les miennes, je les ai vidées bien des fois avec une grande louche de bricole. Une boîte à confiture soudée à une barre de fer, et je fourrais tout dans une grande bassine. Un jour la bassine a défoncé au milieu de la route, les tinettes des Bedel se sont renversées dans le hameau. Je me suis fait un devoir de nettoyer la route.

Une voisine a ouvert sa fenêtre :

— Qui qu'tu fous, Paul, au milieu de la route à c't'heure-là ?

Elle n'a pas attendu ma réponse, elle a refermé sa maison aussi sec.

Quelle odeur dans le quartier !

Dans le village, le purin s'évacuait par des petits ruets. Le moderne ne bafoue pas tout, n'a pas tout faux, on sent meilleur dans le village depuis le tout-à-l'égout.

Le ruisseau à purin partait du haut du village et descendait en empruntant le passage devant bistrots et hôtels compris. À notre porte nous récupérions le purin des voisins et ça partait dans les champs. Chaque jardin possédait sa cabane humaine à purin. Y avait des mouches !

Ça sentait pas toujours le frais, mais ça sentait meilleur que le lisier actuel. Le purin des voisins s'évacuait jusqu'aux champs en passant par les propriétés, on pourrait plus maintenant, ça se réglerait à coups de fusil !

Bon, on n'était jamais malade, enfin pas plus. L'odeur aujourd'hui qui me dérange le plus c'est le fumier de silo, ça transporte des odeurs de médicaments, de produits, ça te vinaigre les narines. Du silo qui n'a pas mangé d'herbe ni de fleurs. Ça ne sent plus la nature.

Autrefois, un bonhomme passait avec son banneau attelé à sa jument et emportait les poubelles du mois dans des décharges à l'air libre. En haut de Saint-Germain ou au village de Laye.

S'ajoutait à cela, « plein de partout » de petits dépôts à des endroits pourtant agréables, un pollueur en mettait un sac un jour et aussitôt d'autres déchets arrivaient. En temps de vent, c'est-à-dire tous les jours ici, les papiers volaient, ça se perdait dans les champs. De temps en temps une pelleteuse essayait d'enterrer la misère.

Ma mécanisation, celle de ma maison, vient principalement des dépôts de défroque de la fosse de Laye et de La Taille. Les gens venaient y porter leur électro tombé en panne. Je fouinais facile, j'avais l'œil.

Pour du bon beurre, la baratte doit tourner à cinquante tours/minute. Au bout d'une demi-heure à la main, elle tournait plus qu'à trente, trente tours à la main, mauvais moteur les bras de Paul ! Je devais tourner durant deux heures ! Quel boulot !

Je vieillissais et les sœurs s'inquiétaient, leur beurre ne pirouettait pas assez vite. J'en avais marre du beurre et de me faire engueuler, alors près de la fosse de La Taille, j'ai visé une vieille machine à laver le linge. J'ai ramené mes outils et je l'ai dépecée en les ramenant dans ma brouette. J'ai bricolé avec mon petit frangin et à l'aide de l'entraînement d'une courroie, nous avons réussi à démultiplier, pour en arriver à cinquante tours/minute pendant une heure.

Je me faisais des cadeaux sans savoir qui me les offrait.

J'peux dire merci quand même !

On parle de pollution, mais nous on avait l'impression de vivre dedans. Les progrès me semblent meilleurs aujourd'hui, ceux visibles forcément. Par exemple du côté de Vauville, dans les landes, les belles landes fleuries de bruyères, « ça cocotait les Cherbourgeois ». Tous les jours des camions venaient déverser leurs fosses, leurs déchets dans la campagne, on n'a rien inventé. On ne disait pas grand-chose, maintenant les camions se feraient virer par les Vauvillais soucieux de préserver leurs beaux paysages. Chacun chez soi, chacun garde ses poubelles pour lui. On ne pensait pas « touristes et vacances » à l'époque, une pollution n'était pas médiatisée comme maintenant.

Aujourd'hui par contre les déchets de mer sont importants. Ce qu'on trouvait sur la terre, on le subit désormais sur les grèves, ce sont de vrais déchets de maison, mais ça doit venir des bateaux.

Transmettre

On me dit souvent :

— Mais pourquoi qu'on te voit partout maintenant ? Avant t'étais caché !

Avant je souffrais de solitude, les jeunes partaient tous et je me disais que j'allais vieillir seul, sans même apprendre à personne mon métier. J'allais « avoir servi à rien », ma vie n'allait avoir servi à rien. Depuis lors, des lycées agricoles viennent me visiter. Dès que le car arrive, j'entends le troupeau de jeunesse, ça me donne un plaisir fou. Ça discute dur parfois avec certains :

— Alors Paul, vous donniez du maïs à vos vaches ?

— Mais bon sang, les vaches ça mange de l'herbe, leurs estomacs sont faits pour l'herbe, comme celui des veaux est fait pour le lait de vache.

— Oui mais sans maïs alors vous aviez moins de lait !

— Moins de lait peut-être, mais mon beurre, mon petiot, il avait le goût du goût, on n'avait pas besoin de « nettoyer » le lait pour enlever le goût du silo et du lisier ! Parce que si tu donnes du maïs à ta vache, son fumier va puer, tout s'enchaîne, son lait prendra une mauvaise saveur. Et puis les vaches meurent jeunes maintenant, elles attrapent la cirrhose.

— Nous, on nous dit de leur donner des compléments !

Je m'étouffe :

— C'est pour faire marcher les laboratoires et les industries, c'est pareil avec le lait de veau qu'on donne aux petiots, aux humains. Le lait de la mère semble plus approprié. Pour les veaux on vous impose la même chose, faut leur donner des « bouchons » (de gros granulés à base de soja en forme de bouchon), tu sais pas c'qu'il y a dedans. Et puis ça prend de l'eau et de la terre ces cultures-là, les prairies poussent seules.

Nourrir une vache ça doit rien coûter.

Les jeunes hommes et les quelques jeunes filles présentes admirent le « fourbi à Paul » dans mes étables, des ferrailles et des boîtes, des piles électriques accrochées à chaque entrée, pour le cas où l'électricité sauterait. Près d'une centrale nucléaire, c'est tout à fait possible quand même.

Les clapiers habités par de gros lapins dodus ont remplacé mes petits veaux. Les canards se promènent en picorant dans la cour, quelques grandes gamelles d'eau leur permettent de s'ébattre. Les chats tigrés, gros comme des castrés, trop nourris par les sœurs, viennent se désaltérer dans le creux d'une petite mare. Marie-Jeanne, ma plus jeune sœur, se promène avec de grosses brassées de fleurs qu'elle ira tout à l'heure mettre à l'église.

Une jeune fille à son tour pose une question :

— Combien de temps a vécu votre plus vieille vache, Paul ?

Je me retourne, amusé :

— Toi, tu donnerais combien de temps à une bonne laitière pour produire potable ?

— Ben, huit ans maximum !

— C'est une vache qui mange du maïs alors, la digestion l'a vieillie prématurément car il n'est pas rare que mes vaches soient allées jusqu'à votre âge, vos dix-huit ans ! Jusqu'à leur majorité et je suis certain qu'elles auraient pu encore donner des veaux. J'ai entendu dire qu'une vache peut vivre jusqu'à plus de trente ans.

Les jeunes rigolent en coin, et notent sur leur carnet « les vaches de Paul vont jusqu'à dix-huit ans, la majorité ! ».

J'essaie de leur dire :

— Et si vous les respectez et ne leur donnez pas de bouchons, vous verrez, elles iront loin elles aussi, pour vous c'est pareil. Et puis, vous ne vous endetterez pas en achetant des aliments, vous ne dépendrez pas des Américains, c'est pas rien, ça, de ne pas dépendre des Américains.

— Paul, avez-vous fumé ?

— Y a quand même des questions qui dérangent ! Faut-y que j' réponde ?

Le professeur rigole :

— Vous n'êtes pas obligé, c'est pas une enquête !

— Oui, j'ai fumé (je mets une main sur mon cœur et l'autre sur la poche où je cache ma croix, ma médaille de sainte Thérèse et les cachets). Durant vingt ans, j'ai fumé en cachette de ma famille, j'ai fait le con. Quand on arrivait au service militaire, les paquets de cigarettes de troupes faisaient partie du paquetage. C'est vous dire aussi comme les temps changent, on ne verrait plus ça maintenant. J'ai fumé en cachette, les sœurs l'ont jamais su, ni même les parents. Je fumais dans mes champs. Mais quand j'ai eu mon souci au cœur, devant ma sœur il a fallu que je réponde au docteur quand il m'a posé la même question, j'ai avoué : « Mais oui, plus de vingt ans, des gauloises sans filtres en plus. »

Qu'est-ce que j'ai pris par ma sœur ! Elle avait raison, un paquet par jour pendant vingt ans, même si au moment de mon incident cardiaque ça faisait plus de quinze ans que j'avais arrêté, ça laisse des traces.

Comme ce qu'on donne actuellement aux bêtes, comme pour la vache folle, on se ravisera peut-être.

Les jeunes écrasent leurs cigarettes :

— Vous ne me laissez pas vos mégots, mes canards vont les avaler ! Et vont se mettre à fumer par tous les trous !

La visite continue, j'explique :

— Je n'ai pas été à l'école des intellectuels, mais je suis allé à celle des ancêtres. Ils me parlaient peu, je regardais, si tu posais une question à ton père on te répondait : « Regarde, tu poseras des questions après ! » Un peu comme fait une jument avec son poulain lorsqu'il s'approche des baies interdites, sa mère lui donne des coups de tête pour l'en éloigner.

« J'ai appris en regardant et par déduction, en écoutant quand mon père ou mon grand-père et mes oncles me faisaient l'honneur de me donner une explication. Comme vous faites aujourd'hui, je n'aurais jamais osé. On parlait pas à nos pères, on n'avait pas l'habitude, mais nous avions le temps, pas comme maintenant, les réponses, ça attendait. Et pourtant on vivait pas vieux comme aujourd'hui. À cinquante t'étais cuit, t'étais un vieux, maintenant, ça t'arrive à quatre-vingts ans, d'être vieux, et même, t'en as qui poussent à cent.

Du duvet de canard virevolte et se fixe sur les cailloux, les trois jeunes filles le ramassent, j'en profite :

— Maintenant les oreillers sont en ouate, en molleton, autrefois ce que vous tenez dans vos mains servait à faire des traversins et des duvets, des grosses couvertures bordeaux très légères que l'on disposait sur nos pieds pour avoir chaud. On n'achetait rien.

L'une essaie :

— Vous deviez éternuer, ça devait vous faire des allergies.

Je secoue la tête :

— Pas du tout, quand on est élevé à la campagne on est allergique à rien, on est vacciné.

On continue vers la remise où se trouve le tracteur. Les pieds sont lourds, les lacets des chaussures ne sont pas ficelés, les baskets traînent, je marche sur l'un d'eux en faisant exprès pour faire réagir un garçon, mais il ne semble pas le remarquer :

— Attention, tu vas faire la culbute !

— Mais non, Paul, c'est la mode, on ne lace plus nos lacets.

— C'est pour gagner du temps ?

— Si on veut…

— Alors si t'étais allé dans les champs en sabots autrefois tu aurais compris combien l'arrivée des bottes a été pour nous confortable. Les sabots, on leur mettait une ficelle pour qu'ils nous tiennent aux pieds. Les baskets, j'en mettrais bien, mais pas comme ça, ça me rappellerait les sabots qu'on perdait continuellement. Si j'avais des sous à perdre, je pense que je m'offrirais des baskets.

Quand j'avoue ça, les gamins, ça les fait hurler de rire. Ça me donnerait l'air d'un paysan dans un jardin qu'ils me répondent. Mais un jeune gars un jour a avancé une image plus drôle encore, un Paul Bedel en baskets ça donnerait l'air d'un pêcheur de homard parisien en cavale, un « écapé » (échappé) d'la ville. Un vieux fou quoi ! La rigolade.

Bon, continuons la visite.

Quand j'ouvre la porte où se tient mon tracteur, les respirations se font discrètes, on dirait que ces jeunes vont rentrer dans un lieu sacré.

Pour leur faire plaisir je le démarre et je le mets dans la cour, les gamins prennent des photos et regardent de près le moteur si simple à démonter. Ils le touchent, lui tapent sur le flanc, c'est vraiment de la mécanique, ils montent dessus.

— Il vous a coûté combien, votre tracteur ?

— Cinq cent mille francs mais on ne peut pas compter par rapport à aujourd'hui.

— À combien vous montez en vitesse avec ?

— 15 km/h en marche avant comme en marche arrière ! En deuxième 9 km/h, et en première 1 km/h.

— Est-il déjà tombé en panne ?

— La première panne, il l'a connue à la fête de la Madeleine en 2006, on m'avait demandé de traîner le char « de Paul ». Quand je suis revenu l'embrayage avait rendu l'âme ! Ça a mis des mois pour le réparer chez le mécanicien, la seule fois où je n'ai pas réussi à le réparer seul.

J'aime poser cette question aux jeunes :

— Est-ce qu'une vache est heureuse ?

Là ça ricane, je crois qu'ils ne savent pas me répondre, c'est comme de parler d'amour. De l'amour, mes sœurs et moi on en avait pour nos vaches, je n'ai pas peur de le dire. Un jour, avec un lycée agricole, je visitais une étable d'aujourd'hui, je suivais les gosses, je ne l'ai pas ramenée, mais ma langue tournait dans ma bouche ! Le prof l'a vu, il m'a interpellé :

— Ça ne vous plaît pas ?

J'ai répondu :

— C'est l'époque des vaches sans queue, sans cornes, quatre-vingts vous dites. Pauvres machines à lait… que l'on écorne pour qu'elles se blessent pas entre elles et qu'elles blessent pas leurs éleveurs dans l'espace riquiqui qu'on leur alloue. Y a qu'à regarder l'affiche du Salon de l'agriculture 2009, une extraterrestre, une vache sans cornes, qui ressemble à rien, une vraie laide avec une tronche de travers. Mais c'est surtout que pour s'alimenter elles doivent passer leur tête dans une sorte de tube qui leur coince le cou. Les cornes passeraient pas ! Voilà, alors on leur brûle à vif les cornes ou on leur cisaille. Et bientôt ils vont sélectionner les bêtes. Faudra gommer les cornes de celle de la boîte à Vache-qui-rit ! Et les queues, c'est pour l'hygiène qu'il paraît qu'on la leur coupe. Les lois européennes.

J'apprécie la visite des jeunes, je préfère quand ils viennent, lorsque je me déplace c'est pas pareil, je vois la misère animale comme si on me la faisait à moi. Quand t'en entends parler, ça va, mais quand on t'en présente tu sais plus comment les appeler. T'as pas vu des vaches, t'as vu des bêtes en batterie. Elles ne regardent pas les hommes passer, ni les enfants, elles ne bougent pas la queue à ton approche, elles ne te remercient pas avec les yeux si tu leur donnes une bouchée de foin. J'ai essayé, le foin ça ne les intéresse pas plus qu'autre chose, elles ont le nez dans leur mangeaille de tourteaux de farine. Les vaches en stabu, ça fait déprimer. Jamais je ne trairai une vache de stabu, le lait sent le silo.

Je peux leur montrer où je vis heureux, ils comprennent mieux. Leurs mains souvent se tannent déjà, comme celles des marins, elles croûtent de gel et de travail. Leurs ongles sont reconnaissables, surtout les jeunes filles, tu vois de suite, ces jeunes sont comme moi à leur âge, pleins d'espérances, pleins de doutes, avec des mains paysannes aux sillons remplis de terre.

Je me sens petit à côté d'eux tellement ça m'émeut de savoir qu'il y a une suite, qu'il y aura encore des paysans. Je leur dirais quand même ceci : avant votre métier, réussissez votre vie privée, fondez une famille, ne restez pas seul comme un con face à la terre. Nous ne sommes pas voués corps et âme au métier. Voués à la solitude.

J'ai eu de la chance, j'ai une famille. Tous les paysans n'ont pas cette chance, je sais que certains vivent dans une miséreuse solitude, je ne souhaite cela à personne, personne ne veut ça.

Un paysan heureux est plus heureux avec une compagne quand même…

Les sœurs ne pensent pas comme moi, semble-t-il, elles disent qu'elles n'ont pas de regret d'être restées vieilles filles. Qu'elles n'ont pas été obligées de dire non, de choisir entre rester là dans la Hague et partir sur d'autres terres. Françoise, quand elle en parle, propose la plus jolie des réponses, parce qu'elle parle d'amour et que l'amour ça ne te tombe pas dessus comme la pluie.

La manière à Paul

Un petit tour vers un champ, en octobre je ferme, je déchaume après les récoltes. J'ai attendu, les racines des céréales ont séché, j'aère le dessus de la terre en tourbillonnant longtemps avec mon tracteur mais très peu profond, à cinq ou six centimètres. Je passe la charrue et crée un petit sillon. Les chaumes, les tiges séchées, sont ainsi déterrés, la plante ne poussera plus.

Le champ se ferme, comme on a vu un bon reportage, avec l'espoir d'un meilleur encore, j'espère toujours une meilleure récolte. Lorsque je ferme la barrière, symboliquement, le sentiment d'avoir bien travaillé m'envahit.

En novembre, après les grosses tempêtes, je ramasse du varech « de venu », il vient tout seul, des laminaires, des lames plates de cinq ou six centimètres de largeur, les cheveux des sirènes, les toisons brunes de l'océan. Ces grandes algues gracieuses viennent des profondeurs, des fonds. Ici, dans la Hague, on les appelle des taungouns. Ces laminaires possèdent de grosses racines. Elles ont un toucher caoutchouteux facile à reconnaître. Je les dépose à même la terre.

En février j'apporte le fumier de deux ans, le fumier de mes petits veaux, séché. Je retourne la terre aussitôt. Pour les laminaires, les couches se touchent entre elles. Pour le fumier tu étales des poignées avec tes mains ou à la fourche. Tu partages le sol en damier, un peu de blanc, un peu de noir, le terrain n'est pas unifié à l'œil. Tu sais si tu as bien travaillé lorsqu'il devient sale, mais pour toi il est propre !

Le varech en novembre, en février on le retourne. Maintenant les saisons sont plus tard, tu commences en novembre mais parfois tu retournes en mars. C'est décalé. L'hiver se fait trop tard, c'est jamais toi qui commandes.

Le bon fumier reste en tas durant deux ans à pourrir. Sinon il part en poussière, il est cuit. Tu sais qu'il est bon assez facilement, tu le mangerais tellement il sent bon sur tes mains. Tes mains ne sentent pas après l'avoir touché, et c'est pratique pour toi car ton fumier est très précieux, mais personne ne viendra jamais te le voler !

Le mien cocotte pas, le frais, le fumier d'un an ou deux ans ou juste sorti des stabus sent trop fort, il pue la merde c'est le moment de le dire !

Le fumier de silo, ça mange pas d'herbe. Les vaches mangent autre chose que de l'herbe. Je mettrais de cette grossièreté sur mes patates, elles en prendraient le goût.

Attention également au fumier avec de la paille, la paille des étables, des saloperies peuvent repousser dedans et te refaire des mauvaises herbes dans tes champs, des ordures en fait.

Aussi, pour moi, le meilleur fumier sans ordures, c'est le fumier de fougères. La petite fougère, pas la grosse à grosses tiges, celle-ci pourrit trop vite sous les sabots du bétail.

Sous les petits veaux on mettait de la paille tous les jours, soixante centimètres à peu près, plus tard, on vidait l'étable en tas dans un cllos. Ce fumier met plus longtemps à se faire, six mois de plus, soit deux ans et demi, suivant le temps bien sûr.

Les poules naines venaient pondre et couver dans l'étable des petits *viâos* (veaux). Les *popères*, les poules naines, sont précoces à la chaleur, c'était leur maison, l'étable, leur couveuse. Elles sont tombées de haut quand les veaux ont disparu en 2003 à notre arrêt d'exploitation. On prenait les œufs des popères et on les dégustait à la coque, à la place on leur mettait des gros œufs de poules pondeuses à couver. Elles n'y voyaient rien et élevaient leurs gros poussins comme les leurs. On riait, très vite les poulets devenaient énormes par rapport à leurs petites mamans.

Le fumier de petits veaux est l'un des meilleurs pour couver les œufs et pour la terre. Mais j'en connais un autre dont je te livre la recette :

Autrefois, on prenait une houe (un ravet pour nous), une fauche recourbée, on enlevait les pliches, on dépitait les grosses touffes d'herbes au pied de nos murets de pierres, ceux entourant nos champs à la manière de l'Irlande. Enfin bon, à la manière du bout de la Hague, parce qu'on sait pas qui a commencé à construire ces murets de cette façon-là.

J'ai toujours gratté la terre comme un pauvre type, faut voir les tonnes de pierres que l'on sort de nos champs chaque hiver, elles poussent comme l'herbe. Cette terre, tu la grattes, tu la grattes, et tu sais pourquoi tu l'aimes, c'est parce qu'elle est aussi pauvre que le pauvre type qu'essaie d'en tirer quelque chose.

Alors on prenait soin d'arracher ses racines. On posait le tas d'ordures au milieu du cllos. Tu mettais une couche de pliches, puis une couche de *vraé* (varech) de printemps, une couche de pliches, etc. à hauteur d'homme. Ce tas se nommait alors une « tombe ». On formait un engrais d'exception pour les herbages. On l'étalait sur l'herbe directement, en fine couche. Ainsi on étouffait l'herbe, on « salait l'herbe ».

Au bout de trois semaines, tu venais voir ton travail, ton champ devenu très propre. Ses touffes disparues, tu marchais sur une pelouse. Et les vaches des Bedel ensuite broutaient au paradis !

Le beurre allaite

On trayait à genoux chez nous, je ne voulais pas traîner avec moi un escabeau ou un tabouret pour m'asseoir dessus. Les gens me disent parfois que ça les a fait pleurer devant tant de misère !

C'est pourtant pas de la misère de choisir comme on trait !

Ce n'est pas parce qu'on prie à genoux qu'on est malheureux non plus. J'ai dans l'idée qu'avec un tabouret tu tombes si tu reçois un coup de pied, tu te valdingues à la renverse et tu peux te faire piétiner. Quand tu trais à genoux t'es moins *envanaé*, moins courbé, moins plié, ainsi la ceinture fait moins mal. Souvent, quand on a mal au dos, ça a à voir avec l'estomac, la digestion. À genoux tu tombes pas, t'es déjà à terre. La misère pour moi c'est de promener un tabouret en plus quand t'en as déjà plein le dos de porter à longueur de journée. Et je n'ai jamais eu de machine à traire, ou plutôt si, j'en ai eu deux : mes sœurs !

Et mes deux sœurs ont eu un machin à traire !

Une jeune fille à Granville m'a raconté qu'elle et une amie avaient pleuré en regardant le pauvre Paul à la télé, en train de souffrir pour sa terre. Pourtant, j'aurais pu j'aurais continué mon métier jusqu'à mon dernier souffle, mon métier c'était ma vie et j'aimais cette vie-là.

Une autre femme le même jour venait pour brailler après Paul :

— Moi aussi j'en ai, des misères à raconter, j'en ai, des malheurs, c'est pas pour ça que je viens emmerder le monde avec mes histoires, j'ai trait mes vaches à la main, j'en fais pas un monde…

Enfin bon, des gros mots ont suivi. Les gens poliment l'ont sortie.

Ma vie n'a jamais été malheureuse, jamais. J'ai comme tout le monde eu des moments de doute et de détresse, comme d'enterrer mes parents. Cette dame n'aurait pas compris, je pense. Mon métier, c'est ma liberté. Je suis libre de me coucher, de planter et de mourir !

Dans l'étable, pour traire, je me mettais à croupetons pour ne pas me salir car les bouses s'étalaient un peu partout, même si avant de traire je nettoyais, il en restait toujours un peu et il en venait des nouvelles.

On portait l'odeur du lait, un pêcheur porte l'odeur de la mer.

Tu as beau te nettoyer ça sentait doux, ça sentait la ferme, à genoux tu es plus proche encore des bêtes, ta tête frotte leurs croupes. Nos odeurs d'ici sont difficilement explicables, elles sont en nous, ça doit être dans nos veines ou dans nos histoires. Les sœurs se nouaient un foulard, pour se protéger des coups de langue des vaches qui tentaient de leur lécher la « gouole » et les cheveux. Sans compter les queues pleines de bouse.

Le risque du métier !

Le lait n'a jamais été expédié à la laiterie, on aurait dû payer plus cher et avoir trois ou quatre vaches de plus, donc du boulot en plus. La demande de notre beurre a toujours été plus forte que l'offre.

Nous avons vécu quasi sur nous-mêmes, le lait demande beaucoup de délicatesse, de propreté.

On nettoie les ustensiles à chaque utilisation. Si tes vaches mangent du ruta (rutabagas), ton lait prendra son odeur, jamais on ne me fera traire une vache de silo ! Y a pas plus sale en gros que le lait, mais le lait de silo, ça dépasse tout parce que en plus il empeste.

Le lait est versé dans la cuve de l'écrémeuse, du lait frais de la dernière traite. L'opération de la crème peut commencer. L'écrémeuse est entraînée par une manivelle. La crème coule dans le seau, le petit-lait est rejeté dans le bidon, la crème des jours d'avant attend dans une chiranne, un grand pot de terre qui a toujours été là dans notre famille, elle est versée dans la baratte. Au bout d'une heure le beurre est retiré progressivement, le malaxage se fait à la main et non mécaniquement, le beurre a besoin de douceur, sinon il deviendrait sec.

Marie-Jeanne le pèse avec des poids, autrefois elle se servait des galets de plage. Elle l'entasse en grosse motte sur la balance étalonnée avec d'autres galets, plus petits ceux-là, posés à côté des poids. On met le beurre dans un seau, le petit-lait est apporté aux veaux. La pompe dehors permet de laver les ustensiles.

Le beurre et la crème ont été vendus chez nous jusqu'en 2004. Cette activité a permis à notre famille de vivre moins isolée, on voyait du monde chaque semaine.

Le « beurre allaité » je n'en mangerai jamais plus, je le sais, ce beurre n'a pas encore été malaxé à la main par les sœurs et le lait est encore présent en son centre, il « jute », il a du jus.

J'entendais la baratte s'arrêter et je me ramenais vite fait au signal. J'ouvrais en premier la cuve qui respirait encore et je chipais un morceau de beurre avec mes grosses pattes. Il restait collé à mes doigts jusqu'à la cuisine, où là, après l'avoir posé sur une assiette je tranchais une tartine épaisse. Puis, toujours en cachette, car c'est criminel d'agir comme un Breton, le beurre de Normandie par définition est doux, je gobais dans un pot de terre une poignée de sel que je refermais sur le beurre. Et tout ça, je l'étalais sur mon pain. Avant même que mon micmac ait atterri dans ma bouche, je salivais.

Ce beurre-là, juste sorti de la baratte sans avoir été modelé pour la vente, réveillerait de plaisir un mort.

Après, content et repu, je rejoignais les sœurs pour les aider à laver les appareils, l'une ou l'autre tapait déjà sur les mottes de cinq cents grammes avec une petite planche pour les arrondir.

Depuis l'arrêt de notre activité, je ne mange plus de beurre, toutefois je me suis mis de nouveau en tête de cultiver des radis. Je ne sais pas les manger sans beurre.

Depuis mes radis ont poussé et je me suis déniché un beurre supportable, je le mange du bout des dents, faute de beurre « naturel ». Pour en cacher le goût je l'achète salé, les sœurs rouspètent après moi, elles achètent celui du marché de Beaumont, fabriqué à l'ancienne. Bien sûr, elles veulent le partager avec moi, mais je leur laisse, c'est leur beurre. Je vous rassure, les radis ne durent pas longtemps. Le matin je suis au pain sec.

Françoise, elle, s'est mise au Nutella !

Le pain sec avec de la confiture maison c'est extra.

Mais quand même, on a été bêtes, on aurait pu garder une vache, une seule…

Les sœurs pensent que c'est trop malheureux de finir au beurre de laiterie.

Mais on va finir au beurre de laiterie, on n'y coupera pas.

Quand le beurre a pris du gras

On donne du lait entier, dit doux, aux *matous* (veaux), et aux génisses on donne du lait écrémé. Du lait et du foin.

Tu vends le veau soit à huit jours pour sa viande (il sera tué à trois mois), ou tu le castres à un an et tu le vends à deux, tu en fais un bœuf gras dans les herbages.

L'avantage c'est qu'ils sont goinfres, les castrés, alors ils te nettoient les cllos. Après nettoyage par les veaux à viande, je mettais des génisses, puis les bercas chacun son tour dans les cllos, et leurs bouses ou crottes enrichissaient la terre à tour de rôle.

Les moutons terminaient le nettoyage en mangeant les touffes, en grattant le terrain. Les vaches n'aiment pas *reninflaer* les lapins, surtout lorsqu'ils sont trop nombreux, ça arrive dans les Landes. L'odeur de leurs crottes les empêche de manger et elles ne donnent pas de lait. Avec les moutons c'est pareil, les vaches ne donnent plus rien si on a mis des moutons avant elles dans les pâtures.

Notre herbe « partait en lait », servait pour fabriquer le beurre, nous n'avions pas assez de terre pour l'élevage et le lait en même temps. On faisait seulement un peu de viande, pourtant ça rapportait plus. Mais nous avions choisi le beurre et la crème.

Tu te demandes : mais pourquoi donc alors si ça appauvrissait ?

Ça ne nous appauvrissait pas, faut savoir où est la richesse, nous n'obéissions pas aux horaires de laiterie, sinon il nous aurait fallu trois ou quatre vaches de plus pour payer le camion, le transport, les taxes d'écrémage. Donc du boulot en plus.

Nous n'avons jamais connu la panique, on voyait nos collègues à l'heure du camion se précipiter à leur barrière. Si dépendants de l'heure qu'ils n'étaient plus libres, plus libres d'eux-mêmes. Nos libertés étaient belles, à nous, les Bedel. C'est une richesse, la liberté de notre temps, du temps. Et le samedi nous recevions de la visite, les trente clients fidèles et les vingt autres occasionnels. Les sœurs, ça les rendait joyeuses, ces visites, on apprenait les nouvelles et ça durait la semaine à en parler.

Une femme un jour de Pentecôte voulait acheter une livre de beurre, il nous en restait seulement un kilo. Parfois, à force d'aimer la bavette (les bavardages) je me prenais pour le représentant de commerce :

— J'veux pas vous embricoler mais vous ne regretterez pas de prendre la livre restante.

Le couple s'engueule, l'une ne veut pas mais le

bonhomme a compris ce que je lui ai expliqué, dans une heure y en aura plus !

L'année suivante, ils viennent tous les deux à la même date, et patati et patata je me rappelle de vous, et votre beurre, jamais on n'avait dégusté un truc pareil, nous sommes venus avec une glacière on vous achète tout ce que vous nous vendrez !

— Ah, mes pauvres amis, vous arrivez trop tard, le beurre de la semaine a déjà été vendu !

Parfois, nous nous privions pour certains, pour les habitués. Chacun d'eux avait son assiette, pas besoin d'y mettre les noms, les sœurs les reconnaissaient depuis le temps.

Ils venaient par contre avec des pots à confiture pour la crème. On vendait un peu de lait au bidon, mais très très peu, le moins possible d'ailleurs. Nous nous basions sur le prix du lait de laiterie, quand on l'augmentait les dents grinçaient parfois durant des mois dans certaines familles.

Certains clients nous ont quittés, les sœurs, ça les a marquées, c'est arrivé lors du passage à l'euro. À Unico on le vendait moins cher, on appelle toujours Unico notre grand magasin Super U de Beaumont-Hague. Les sœurs ont été un temps tristounettes, notre beurre se vendait moins aux gens d'ici, et plus aux gens de passage. Ce qui les attristait, c'était de ne plus voir ces deux ou trois familles d'habitués, parce qu'on s'attache aux gens, à leurs histoires, à leur avenir aussi. Pour quelques centimes de rien.

L'euro, qui en voulait après tout ?

Avec les nouveaux francs par rapport aux francs lourds, nous avions juste changé la virgule. Après l'euro plus rien n'a été pareil, t'as multiplié par six.

Les Anglais l'ont refusée, cette monnaie de singe, on aurait pu faire pareil. Ils sont moins cons que nous. Ces familles sont revenues un an après, quand nous avons pris notre retraite, soit vingt-cinq kilos de beurre plus tard, à raison d'une livre par semaine.

On s'est fait engueuler gentiment, ils grognaient de surprise, en se plaignant qu'on n'avait plus de vaches pour eux, quand on leur a dit qu'on avait arrêté, fallait voir, ça s'est fini à coups de cafés !

En fait le beurre au Super U « avait pris du gras », nous n'avions dans les derniers temps de notre exploitation plus que trente centimes de différence, en gros deux francs, mais qui se souvient des francs ? Deux francs ça comptait. Les francs, ça a été remplacé par les centimes.

L'euro, ça a affamé les porte-monnaie et engraissé les vendeurs, mais pas les exploitants. Les clients avaient menacé de ne plus venir si mes sœurs n'ajustaient pas les prix sur celui des supermarchés.

On avait vécu plusieurs décennies sans contraintes, on n'allait pas obéir, on aurait fait concurrence à Super U !

On a perdu quelques clients.

Ça les avait chagrinées, cette histoire. Maintenant mes sœurs en rigolent, elles savent qu'à n'importe quel prix, là, aujourd'hui, notre beurre on le vendrait à des gens qui se rendent compte de la valeur du boulot de nature.

Pour faire de belles patates

Tu remues la terre suivant la terre, comme pour le caractère de tes bêtes, tu fais en fonction d'elles, tu fais pareil avec ta bonne femme ou ton bonhomme, ou tes petiots. Faut pas être trop raide de caractère sinon t'es plus dans le coup, à contre-courant, t'avances à rien.

Les beaux légumes se méritent, tu les réfléchis.

Y a pas de recette, chacun sa manière, chacun sa terre !

Comme pour les hommes, tu te nourris normalement si tu as appris « de quelle poussière on est fait ».

En janvier je mets un coup de charrue dans les champs choisis pour cette année-là, en février je tourne deux sillons, je pose à ma manière les patates à sept centimètres dans la terre, elles germent.

Avec la charrue des chevaux on gagnait du temps, la charrue en taillant le nouveau sillon recouvrait celui d'avant.

Vers la mi-mars, la terre se *cachète*, trop dure elle se referme sur ses plantations, alors pour la *raolir* et la nettoyer je passe un coup de râteau à la main. Je bine au ravet, de façon naturelle donc, parce que pour ces travaux-là mes sœurs m'aident et elles travaillent comme des hommes. Pas de différence et elles ne se plaignent jamais de fatigue ou de quoi que ce soit.

Les filles dans une ferme travaillent autant que les hommes, sinon plus parce qu'elles font tout dans la maison, elles savent tout faire. La terre perdurera selon moi par les femmes. Il n'y a qu'à voir quand elles n'ont plus eu envie d'y rester, leurs maris font l'ouvrier, et maintenant elles sont nombreuses dans les écoles d'agriculture. C'est bon signe.

On bine donc entre les rangs, et avec une houe on les butte, on monte une petite butte semblable aux monticules de mottes de taupes, on les « amôte ». Le râteau « aux muscles » sert de désherbant chez les Bedel.

Après la récolte de légumes le champ se repose et je sème du blé, cette fois sans ajouter de fumier. Mon blé monte à un mètre cinquante, on le raccourcit maintenant à soixante avec des hormones. Tellement rendu faiblard, pour qu'il tienne, on l'empêche de monter. Il est faiblard à force d'avoir été traité, il ne se bat plus contre les maladies seul. Il se casse la figure, même à soixante centimètres.

Nous avons ici plein de coquelicots et de chardons, les sols meurent biologiquement lorsqu'on les traite, la preuve en est l'absence actuelle de fleurs sauvages dans les cultures.

Le sol est vivant, quand on enterre la graine, elle meurt et le sol la nourrit, la ressuscite si je puis dire. Les gens vivent longtemps mais on verra avec ce qu'ils bouffent s'ils vivent toujours aussi vieux. Les autres, les vieux de maintenant, ont bu du vrai lait de vache, avec le goût de vache parfumé à l'étable et à l'herbe. Là, « les prochains vieux » bouffent, mais pas que du bon !

La faune donc travaille le sol, l'aère. Le couvert végétal étouffe les mauvaises herbes comme mon fumier de trois ans. Si tu enlèves ce couvert, le sol meurt, il ne sera plus vivant.

Maltraité il se ferme, trop ou mal labouré, il se resserre sur lui-même, l'eau ne rentre plus, en forêt ou à Goury, près de la croix du Vendémiaire, on marche, c'est moelleux, aéré par les petites bêtes, hop ! tes pieds remontent comme sous un élastique.

La mécanique n'y a jamais mis les pieds, l'homme n'y a jamais mis de « drogues ».

Je sélectionne les plants de patates en mettant la semence de côté pour l'année suivante, dans la même forme que celle d'origine. Si la patate est allongée je choisis les semences allongées, si elle est ronde ses semences seront rondes. Si l'on ne respecte pas ce détail les semences ne donnent pas, le rang avorte. J'ai déjà essayé à quelques endroits de planter des semences allongées alors que la pomme de terre originelle était ronde, ce que le plant te donne, t'es certain, les cochons en ont déjà la bouche ouverte, ce sera pour eux.

Les petites, nous les donnons aux cochons sans les cuire, car les patates cuites font de l'amidon et les cochons graissent trop vite. Ces petites patates, je les ai vues en magasin à six euros le kilo, des bonnottes de Noirmoutier.

Si mon père avait vu ça, des patates à quarante francs le kilo en 2008 !

Nous possédons une autre variété, une rustique que l'on détient depuis 1925, sensible au mildiou toutefois, nous avons également la rouge ronde, la bleue pour les purées. La saucisse bleue, celle de Marie-Jeanne, « la reine des cuisines » dont elle se sert pour la soupe, celle-là a la chair jaune, vraiment jaune. La jumelaine : une précoce pour les fines gueules, délicieuse à gazouiller. Elle sent, la terre et ce qu'y a dedans, la mer et du ciel et tout ce qui tombe d'en haut. Marie-Jeanne ne l'apprécie pas, elle aurait toujours le goût selon elle de la patate nouvelle.

La reine des cuisines est arrivée chez nous en 1945, un maçon d'origine italienne avait été embauché par le père pour réparer nos murs cassés après les bombardements venus d'Aurigny. Très lié d'amitié avec le père, un jour il nous a apporté la patate à goûter avec un sac de semences, depuis elle est restée chez nous. À chaque récolte de ces patates-là, je revois cet homme si gentil qui travaillait à son mur comme il aurait travaillé son jardin, avec conscience.

Alternance

Les betteraves et les patates apprécient la double fumure (varech et fumier), par contre l'avoine et l'orge surtout pas. Après avoir planté des pommes de terre ou des betteraves dans un champ, je sème les céréales en alternance sans rapporter de fumier.

Le blé, lui, profite d'une année sur l'autre. Avec trop de fumier la tige poussée trop haute verse s'il pleut, le grain pourrit à terre. Une tige trop haute bouffe le grain, il y en a moins et il donne plus petit.

J'alterne donc mes cultures.

L'orge termine le travail de quatre ans, le cycle. Ensuite, afin de régénérer la terre, je plante du trèfle violet dans l'orge de couverture, « rapport aux embruns ». Ça me fait une double culture. Les embruns cuisent les jeunes pousses. Elles en sont protégées grâce au trèfle qui les rend plus fortes.

Au printemps, à l'aide d'un rouleau, on roulotte les billots (mottes de terre) restés gros après le hersage. La terre ne sèche pas et ensuite la récolte est plus jolie à couper à la faucheuse. Les faucheuses s'abîment à taper sur les mottes. Le grain arrive à dix centimètres de haut, forci grâce au trèfle. Il n'a pas été grillé par le sel. On aplatit la terre, le blé ne craint plus les grosses tempêtes ni le rouleau. Les tiges se couchent et se relèvent trois jours après. Les semences de maintenant, on leur ferait subir un tel choc elles partiraient en poussière.

En février je retourne la terre, jusqu'à mi-mars, jamais trop épais pour ne pas étouffer la flore microbienne. Je prépare les champs au semis de betteraves, d'orge (deux hectares environ). Je sème en avril à la main, en promenant mes graines dans mon carri[1]. Pas trop de graines pour ne pas peser trop lourd, semer ne veut pas dire faire des trous avec mes pas.

Avant j'ai hersé pour briser les mottes, puis nous tamisons au râteau afin de rendre la terre la plus fine possible.

J'ai bricolé un semoir à *bets* (betteraves), une sorte de roue avec deux manchons et une boîte de graisse à traire munie de trous, un élastique de chambre à air dégageant une graine tous les trois trous, j'en bouche un si je veux semer plus clair. Je roule mon ustensile. Les rouleaux sur les côtés tassent la terre et referment le rang.

Parfois la gendarmerie en vadrouille s'arrête, les poulets me regardent faire, passionnés par mon invention qui, il est vrai, m'économise du temps. Une

1. Drap de lin noué au cou.

ferraille retrace même un nouveau sillon. En tout cas, semoir ou pas semoir, j'ai pas toujours semé droit mais ça a toujours poussé.

Nos champs sont crochus comme leurs gens, ce ne sont pas de grandes étendues infinies, on ne les traverse pas en une heure mais plutôt en quelques pas !

À la levée des graines, souvent je vais voir, je sens la terre, je ne m'explique pas, faut que je sente.

Parfois, en visite dans les exploitations modernes, je la sens gorgée de pesticides. Je mets ma main dans la terre, je gratte, je la fous sous mon nez et elle pue. Le sol empeste une odeur que t'as pas l'habitude, que t'auras le temps plus tard de renifler, une odeur de cimetière. Tout pourri qu'il est, les bêtes, la faune sûrement sont à pourrir dedans. Le sol de vers de terre et de petites bêtes, quand tu le sens, ça te fait comme quand tu sens un beau *vraé* : t'as quelque chose qui t'arrive d'un coup de frais, ça passe par le corps.

Quand les cultures lèvent, je jette mon nez partout, comme si j'avais pas compris, un peu comme une *visioun* (vision), mais naturelle celle-là, une vision de mon boulot qui se fait seul après un peu de préparation, la pluie t'aide, le soleil aussi.

Tu me verrais dans mes cllos, je tripote les feuilles, je goûte à tout, tu te dirais que suis craqué à mon tour.

Heureusement mes haies me cachent.

Les champs à cailloux

Les cailloux, on ne les jette pas non plus, faut pas croire, ici on ne jette rien. Les pierres remontent toujours à la surface, plus t'en cueilles, plus t'en ramènes.

Les cailloux pour nos murs entourant nos champs viennent du « sur place » mais aussi de la basse mer. Si j'en déniche un beau dans les mares, même un vilain, je le mets sur mon mur. Je peux être certain qu'il me servira un jour.

Je ne les maçonne avec rien, absolument rien. J'en ai monté environ quatre cents mètres autrefois près du sémaphore, c'est long et ça m'a duré vingt ans. Pour les construire, nos murets de pierres, il en a fallu des bonshommes. Les « Allemands de guerre », dès 1941, les avaient fichus par terre. J'ai toujours fait en sorte de réparer la guerre, afin que lorsque je passe près des endroits qu'ils ont détruits, je tâche d'oublier leur présence.

Plus tu vois ton mur vilain, tordu, plus il sera joli, je déconne pas. Voici la recette : tous les cailloux s'emboîtent, tu apprends le « sens du caillou », tu vois toujours le bon de loin. En toi tu cries : c'est celui-là !

Pour faire un bonhomme comme moi il faut des années, soixante-dix-neuf ans cette année, pour les murets c'est pareil, c'est pas de la colle qu'il faut pour les reconstruire, c'est juste des mains, un bon coup d'œil des pierres et de la terre, rien d'autre. Pas de mètre et pas de niveau, les pierres prennent leur place toutes seules.

Les mecs du littoral nous en fabriquent actuellement mais ils ajoutent de la colle, pour faire du beau faut pas de colle. Ils n'ont pas compris, un vrai beau mur dans la Hague est vilain. Vilain comme les gens de la Hague, tout crochus qu'ils sont, et leurs grands nez. Nos murets sont comme les gens d'ici, ils sont moins beaux que la Hague dans ses paysages, mais ils sont solides et accueillants. Et le sens du caillou, par contre, ça s'invente pas, tu l'as ou tu l'as pas, ça s'apprend pas dans les écoles, ça te remue dans le corps, tu sais quand tu le tiens : le mur te vient.

Céréales

Mon blé : du barbu sélectionné depuis toujours par mes ancêtres, jamais je ne l'ai traité, il semblait si rustique. Chaque année, j'en ai mis deux sacs de côté pour la semence. Seulement voilà, j'ai cédé, j'ai acheté du blé une année. Je me suis fait baratiner, ça date de mon année unique d'engrais (dans un champ seulement), et j'ai perdu mon « barbu », perdu à jamais.

On me disait tellement que j'étais un vieux machin contre le progrès, avec mes petits grains. Je tenais encore cinquante grains contre vingt maintenant dans ma main. Le compte n'y est plus. Je m'suis pas rendu compte, on m'a vendu de la semence d'hiver qui aurait dû être semée en novembre, sans précision aucune inscrite sur le sac. Je l'ai semée au printemps, la catastrophe ! Tant pis pour le vieux, je me suis serré la ceinture et même sans récolte, j'ai dû payer la location du champ quand même. D'ailleurs, ce blé, je l'ai semé en tournant le documentaire, il n'a pas pris ! Personne ne l'a su mais je l'ai regardé germé et couic, il a grillé.

Ça, c'est pas du cinéma !

La déception de l'après-film, le blé de Paul a cramé !

Quand déjà tu vois le mauvais grain qu'on nous vend, du grain qui pousse pas comme il faut en fonction des saisons, et qu'on te dit quand même que t'es un abruti ! On te vend du blé d'été pour du blé d'hiver et comme dans le film (*Paul dans sa vie*), où je dis que bientôt je verrais ma récolte, et pourtant dans ce champ je ne l'ai pas vue.

C'était pas de l'OGM mais de la cochonnerie, des grains de rien. On se fiche de notre « gouole », l'INRA et tout le reste, ils se fichent de nous. Les grains de blé de mon père, de mes aïeux, si je n'avais pas eu l'idée de les trahir pour faire comme tout le monde, me donneraient encore du beau grain tendre à point, sans que je sois obligé de m'inquiéter.

Ce n'est pas de la sélection qu'ils font c'est du soin, du moindre mal si je puis dire. C'est comme le foie gras en boîte ou le frais, le pâté en boîte ou les rillettes maison. L'INRA met, j'en suis certain avec ma manie de tout goûter, une pellicule sur le grain. Un grain naturel sous la dent ça ramollit comme un bonbon, un grain de l'INRA ça te casse une dent !

Heureusement, je n'ai déconné que pour le blé, mes autres semences sont toujours celles des aïeux, rustiques, jamais malades. Après le 15 août, quand tu peux casser le grain, si dur auparavant, avec tes dents sans qu'il soit mou, il est bon à couper à la faucheuse.

On javelle et on tourne l'épi vers le sens du vent. Deux brassées font une gerbe, tu le disposes en fonction de l'aérodynamisme sinon tu le retrouves cul par-dessus tête et t'as tes tas bons à tout recommencer.

Il sèche mieux sinon pareil, il *mucrit* (moisit), on évite de le mettre à *bouessoun* (en désordre). Tout est coupé, on lie les tiges avec une paille. Un lien pour chaque gerbe.

Une heure après, les gerbes, on les tourne pour qu'elles voient le soleil. On les dispose ensuite en *trésiaux* (mot voulant dire bonne femme), une gerbe au milieu, soutenue par quatre autres. Puis un tas de trente à quarante gerbes. Ensuite on forme une « chapelaine ». Les dernières gerbes y sont placées à l'envers, en capuchon, afin de laisser glisser l'eau.

Le gros tas alors est formé par six cents gerbes. On termine à l'échelle tellement c'est haut. Si le pied est fichu tout est fichu. Le tas doit être droit sinon il renverse. Papa gueulait toujours car le tas de ses enfants penchait, mais le sien aussi penchait, à lui on ne disait rien, on la fermait penses-tu donc.

Un père, ça se craignait.

Notre batteuse est arrivée, on l'entraînait avec le moteur Bernard de l'oncle, ensuite, en 1961, le tracteur a pris la suite. Elle tourne encore. On dispose une toile sous la batteuse et on glane. Cette toile permet de recueillir le grain qui se disperse. Elle date d'un naufrage des siècles d'avant et provient d'un bateau de commerce. Mon arrière-grand-père avait récupéré sa voile.

Après les foins, la vie d'un paysan semble plus calme, d'un coup le corps a donné beaucoup d'énergie sous un grand soleil, on plaisante ici en prétextant qu'« après les foins on se couche ».

Les greniers se remplissent, les gens sont joyeux comme rassurés. Les foins sont notre récompense. Les chevaux qui nous aidaient à rentrer la récolte ne profitaient pas de l'avoine, elle les rendait fous énervés. Ils n'avaient le droit qu'à l'herbe et au foin. Mais toutefois, bêtes et gens semblaient ne pas se faire de reproche, chacun avait sa place, rien ne grippait même le mauvais temps.

Paysan, ça arrive comme ça, avec les foins.

Oh ! Les vaches

Nos vaches étaient normandes, caillies de rouge (tachetées de roux), elles mangeaient des fleurs, c'est pour ça qu'elles étaient jolies, bonnes pour le lait ou la viande. Sept cents à huit cents kilos d'intelligence. Elles portaient des lunettes, des grandes taches marron autour des yeux, des lunettes de soleil. Leurs cornes courbées menaçaient parfois les yeux de certaines, je filais donc un coup de scie à métaux et les limais. Elles avaient leur caractère, on les reconnaissait de génération en génération, mais elles avaient aussi le même toucher de mamelle, le même toucher de poil de mère en fille.

Quand on vidait l'étable des veaux pour prendre leur fumier s'élevant à environ soixante-dix centimètres, les petits sortaient enfin dehors. Ceux d'avril restaient jusqu'en avril suivant, ceux nés en septembre n'y restaient que six ou sept mois. On leur passait le licol et nous faisions du bruit avec l'anse du seau pour qu'ils nous suivent et qu'ils nous reconnaissent.

Ils avaient peur, oui soudain, peur de nous. Alors on ne bougeait plus d'un centimètre. Ils devaient s'habituer à nous dans la nature, ils venaient nous sentir, comme des chiens le feraient. On les avait nourris le soir et le matin à l'étable en leur donnant une poignée de foin et petit à petit ils se mettaient à brouter.

On les sortait de l'étable pour la première fois, égalués (aveuglés), ils *drugeaient* (sautaient) partout comme des fous. Un d'ailleurs avait atterri de l'autre côté d'un jardin et bousillé le cassis de ma voisine. Dès qu'ils avaient compris que c'était moi, ils me suivaient, mais avant, ils avaient peur des champs.

Un jour j'ai vêlé une vache, un « matou » est né, on l'a mis à graisser dans l'étable aux veaux, au bout de huit jours, Françoise s'est fichue de ma gueule, elle avait raison, il pissait en génisse en levant la queue, je n'avais pas regardé « si ça y avait des roupettes » !

Quand les veaux naissaient je me fiais à leur « gouole », celui-ci m'avait paru un mâle…

Quand tu arrives près de tes vaches, tu tousses simplement et elles te reconnaissent. Les vaches rentrent le soir à l'étable contrairement aux petits veaux qui y restent de nombreux mois. Le matin, tu mets le tas de l'étable sur le tas du fumier, tu nettoies l'endroit où elles ont dormi. Lorsqu'elles reviennent faire la collation, un peu à leur tête quand elles le veulent, elles retrouvent leur place, toujours la même dans l'étable. « La mauvaise », on lui flanque le mur à côté d'elle, comme ça si elle met un coup de corne à sa copine, elle n'en flanque pas à deux vaches. Si l'une se trompe de place pour manger la part de l'autre, elles se chamaillent, sinon elles sont solidaires. La maîtresse marche en tête du troupeau. Si l'une rentre avant elle, elle tape dans la porte de colère avec ses cornes, une folle furieuse. La maîtresse c'est souvent la plus vieille, celle qui sait.

Les vaches vêlent seules en principe, mais parfois je les aide. Pour le film qui a fait connaître mon métier, je n'ai pas voulu montrer un vêlage, je connais mes vaches. Si un étranger était entré dans l'étable au moment du vêlage, il se serait retenu jusqu'au bout et aurait certainement souffert. Elle aurait gardé son veau et mis en danger leurs deux vies. Une vache, quand ça vêle, ça a besoin de calme, faut pas une caméra pour un truc pareil. Y a des choses qui ne se filment pas.

Il m'est arrivé de me traîner dans les eaux, je n'ai pas toujours ressorti propre d'un vêlage ! Mais la plupart du temps tu attends tranquillement que ça se passe, pourvu que tu voies les pieds et les ergots en bas. Si tu vois les ergots en haut par contre, ça va pas, le veau est cul devant, et tu ne vas pas passer une bonne nuit ! Tu fouilles ta vache et tu tentes de remettre la queue du veau entre ses jambes, il se redresse alors les fesses en haut. Sinon ta vache est déchirée, c'est dur pour la vache car quand il passe par le cul, c'est tout bête mais le veau est à rebrousse-poil, les poils freinent le travail.

La tête parfois se met mal aussi, et là tu dois l'aider, sinon les hanches restent coincées. Un veau est resté coincé ainsi et a failli étouffer sa mère, quelqu'un était rentré dans l'étable et elle s'était mise debout. Le veau alors « étouffe du ventre », tu dois l'extraire le plus vite possible. Et huit cents kilos ça se bouge pas comme une petite bonne femme de cinquante !

Un jour, dans un champ « par en bas », une génisse a avorté de son veau, je l'ai remontée à l'étable, j'avais peur pour la « cocotte », la fièvre aphteuse, l'épizootie, le véto s'est pointé après mon coup de téléphone, seulement fallait attendre huit jours. Il m'a ordonné de ne pas lui faire quitter l'étable. Je ne voulais pas la traire car à l'étable, les génisses, quand tu les traies à la main, elles te fichent souvent des coups de sabot, donc pas la peine de ramasser un coup de pied.

Au bout de huit jours, elle avait une mamelle qui ne passait pas, elle grossissait, grossissait. Un matin j'ai enfin reçu la lettre du vétérinaire : « avortement accidentel, aucune suspicion ». J'ai couru vers ma vache, trop content de la bonne nouvelle, et je l'ai « traite ». Ça, j'en ai pris, des coups de pied ! Mais j'étais vachement content car mon troupeau était sauvé.

On n'allait pas venir me flinguer mes bestioles, des descendantes des lignées familiales depuis des siècles…

Cette même vache gueulait à l'étable pour je ne sais plus quelle raison, je l'avais enregistrée avec le magnétophone à cassettes que je venais de m'acheter et je lui ai repassé la cassette. Je ne me doutais pas, mais elle a tourné complètement folle de s'entendre. J'ai arrêté mais, tellement bien parti, j'ai remis la cassette aux sœurs, la tante et maman étaient montées se coucher. Elles entendaient l'enregistrement et criaient :

— Paul, y a tes vaches qui arrivent par la route, Paul, va-t'en dehors !

On rigolait.

L'homme, l'éleveur, doit mélanger son caractère avec celui de la vache. Une vache douce c'est impeccable, d'accord, mais une coriace tu l'aimes autant. Si elle te joue des saloperies, t'es content de t'en débarrasser. Seulement, souvent, après son départ, son caractère de cochon te manque.

Les vaches connaissent le vent, elles se couchent avant la pluie, souvent je les ai vues changer d'endroit pour se mettre à l'abri de l'autre côté d'un champ, si j'avais voulu les mettre moi-même dans un autre endroit, elles n'y seraient pas allées. Souvent oui, je les ai vues se mettre dans un endroit intelligent un peu avant le changement de temps. Elles changent d'endroit et tu te dis « les vents vont tourner à la pluie », alors tu prévois pour le lendemain de bricoler dans tes ateliers.

Nos vaches avaient une histoire. Moi et mes sœurs on les connaissait depuis qu'elles étaient « veaux », alors on faisait avec leur caractère pour ne pas les chagriner, comme on aurait fait pour nos petiots. On les trayait à la main à la crique du jour (à l'aube), et avant la nuit ; on ne les trayait plus le soir depuis qu'on avait vu des drôles de choses dans le ciel.

Les vaches cavalent toutes les trois semaines. Dans le village nous avions créé un syndicat à douze exploitants et on se prêtait un taureau que chacun gardait deux ans sur ses prairies. On allait donc porter nos vaches au taureau. L'exploitant tenait un registre avec le nom de la vache et le jour de la saillie.

On faisait gaffe car les taureaux sont vaches ! Ils en ont tué, des gens, dans la campagne et en tueront encore.

Un jour j'y mène la génisse « Oville », elle se menait con, elle ouinait, elle n'aimait pas qu'on la change de champ. Elle s'est fait saillir et ensuite elle me tirait comme une *caoche* (chaussette). Je cavalais à côté d'elle, mais rien à faire, elle tournait folasse. Dans le champ, tellement elle m'agaçait, je l'ai poussée dans un abreuvoir, y a une technique pour la faire virer. Refroidie, elle est rentrée comme un petit chat.

Une autre génisse a failli m'avoir à la tombée de la nuit. Celle-ci, j'ai essayé de la virer, mais impossible, elle ne se laissait pas mener. Elle a roulé sur un petit muret de pierres et m'a entraîné avec elle. Heureusement le champ venait d'être labouré, je me suis retrouvé sous elle, dans un sillon, complètement écrasé mais pas mort, j'ai attendu qu'elle me laisse du mou et je l'ai enlicaolée. Tout crottés de terre nous sommes rentrés comme deux bons copains.

Avec mes bêtes, c'est pas des accidents de chasse que j'avais, mais des accidents de vaches !

Prévert

Deux étranges bonshommes habillés en dimanche venaient acheter leur beurre chez nous, des innocents, qu'on aurait pu croire, ils parlaient peu, avaient l'air toujours dans leur boulot. Pour le décorateur de cinéma, ça semblait pas toujours tourner rond ! Deux mondes se rencontraient aussi hurluberlus l'un que l'autre.

Moi et mes sœurs nous avions des années de retard sur le progrès, et si près d'une société ancienne on devait passer pour des résistants !

Jacques Prévert passait ici pour certains de nous autres pour un « drôle » et venait parfois seul, il fumait sans s'arrêter, et ne se rasait pas toujours. Il marchait doucement et rêvait, la tête de l'autre côté d'ici. Mes sœurs l'appréciaient tout particulièrement car il parlait peu et ne négociait pas les prix.

On racontait le soir au souper :

— Prévert est venu !

Et pour nous, les pauvres bougres, Paris et « les gens qui pensent » nous avaient rendu visite d'un seul coup d'un seul.

Je me souviens, avec Auguste, quand les deux bonhommes arrivaient, par jeu, on en rajoutait pour paraître encore plus arriérés qu'on semblait l'être. On traversait la cour avec la mine pas fine. Les sœurs nous apostrophaient après leur départ :

— Vous avez l'air fin tous les deux, vous ne pouviez pas être aimables !

Nous n'étions ni aimables ni désagréables, on continuait notre boulot, on savait qui ils étaient sans les connaître, les intellectuels nous semblaient inabordables.

Forcément, dès qu'on entrait dans notre petite cour, ça se remarquait qu'on n'avait pas les tracteurs dernier cri. Sur nos paletots rapiécés et passés de mode, ça sentait pas la ville ni l'ouvrier, mais la merde de vache. Heureusement que les sœurs accueillaient gentiment les gens pour la vente du beurre. À cette époque, plus bougon, j'avais pas l'esprit commercial.

J'apprécierais, je pense, discuter de mon aventure avec Prévert, aujourd'hui. Je me demande si dans un de ses poèmes il m'a mis avec les sœurs, ça devrait s'intituler « Un paysan à l'heure solaire » ! Avec deux heures de retard, comme deux siècles de retard. Je suis un spécimen en voie de disparition. J'en rigole maintenant, je pensais être dans le vrai à l'époque, comme eux semblaient être étonnés à nous voir si peu évolués, en apparence et dans la réalité !

Je peux me tromper, seulement Didier Decoin discute avec moi, et lui c'est « un de Paris et qui pense ». Et comme Prévert, il apprécie plus que certains nés ici dans notre coin. Je me rends compte qu'on est pareils au fond. On se « remaouve » des souvenirs.

Nous, les Bedel, on était vraiment dans notre vie et pas dans la leur. Bref, on l'aimait notre Prévert, il essayait peut-être de se *ratiraer* (s'attirer par sympathie) les gens d'ici, mais ça m'a fait bizarre quand il est mort.

On a tellement peur des gens qui ne nous ressemblent pas, mais que craignons-nous finalement ? Un poète « mangeait du lait » des Bedel, mangeait du travail des Bedel. Ça nous faisait plaisir, mais bon, un poète, on ne savait pas trop à quoi ça servait.

J'ai jamais lu ce qu'il écrivait. Je me suis donc moins posé de questions sur le fait que j'étais peut-être idiot ou peut-être pas !

On ne s'en rendait pas compte, on était quand même un peu des bêtes curieuses dans notre coin, dans notre quartier, à refuser les aides et le progrès. Mais le plus curieux, moi et mes frères et sœurs, on pensait que c'était eux (les gens d'la ville) qui en avaient un peu un grain !

Prévert est enterré à Omonville-la-Petite depuis 1977. Son ami Trauner n'a jamais cessé de venir nous voir ensuite. Toutefois, avec l'expérience des gens de mes aventures, si Prévert revenait, je lui paierais le café, je ne me sentirais pas différent, inférieur donc, de lui. J'oserais aller vers le poète, comme je le fais aujourd'hui avec tous ceux qui viennent me voir.

Ça va te faire étrange, ce que j'écris là, mais depuis que je me sens moins inférieur grâce à mes visiteurs, mes lettres, mes lecteurs, mes spectateurs, à Prévert, j'y pense. On n'était peut-être pas si opposés. La poésie c'est pas un mot à nous, nous les Bedel, mais la nature si, et Prévert il aimait l'air. Il rêvassait et j'en connais un autre qui rêve beaucoup aussi.

Son ami Trauner, dans la fin de sa vie, sur nous à la ferme, il avait adouci son regard, ou peut-être que c'est Paul qui avait changé le sien en devenant plus ouvert.

Le conseil municipal

À chaque fois j'ai eu toutes les voix, élu conseiller municipal haut la main, toutefois, comme j'avais déjà des responsabilités au sein de la paroisse, je n'ai pas beaucoup pris la parole lorsque j'ai été conseiller. Par contre, quand il fallait demander à Paul un service il disait toujours oui. Toujours prêt pour aider les autres, toujours au service des autres.

Je sais qu'on ne me donnait pas beaucoup la parole, et je ne la prenais pas. Aujourd'hui, avec l'âge, je la prendrais plus facilement, je me ferais un devoir de préserver notre beau paysage des constructions un peu trop rustiques, des grosses maisons qui te couvrent le paysage et l'horizon.

Et je faciliterais la venue des touristes parce que c'est en moi, le partage. Goury n'appartient pas à Goury mais à tous les amoureux de la nature. Pas pour construire des grands hôtels ou autre chose, non, pour faciliter la venue des gens à Goury. J'ai voté oui à l'école, à sa réouverture, et à d'autres projets de ma petite commune.

Pour moi, ne pas prendre la parole quand on ne me demandait pas mon avis valait politesse plus qu'autre chose. N'ayant pas eu mon certificat d'études, je ne me sentais pas en droit de parler et de dire ce que je pensais. Ça vient des ancêtres, ce sentiment de devoir rester à sa place, de ne pas s'exprimer, ça bouillait souvent, je prévoyais en amont les problèmes, et quand ils survenaient je me disais : « J'aurais dû les prévenir ! Mais sûrement qu'on ne m'aurait pas écouté… »

Un jour j'ai arrêté, je m'ennuyais je crois, ça n'avançait pas, ou plus. En revanche j'aimais vraiment les réunions, même si elles étaient trop nombreuses, cela me mettait au courant de ce qui se passait dans ma commune. J'ai toujours été curieux mais discret. Je donne l'impression de ne pas réfléchir, en fait j'ai une idée sur tout, comme une *vloapée* de vieux ici et des gens de campagne.

Les bedas, ça les travaille, la pensée des hommes. Lorsqu'on reste tout à côté du cul des vaches, ça t'amène à réfléchir, même si beaucoup pensent qu'on devient bête.

Parce que les mains des paysans « passent leur temps à se salir ». Elles sont pleines d'halître (prononcer le *h* comme un *r*), la peau séchée et irritée par le froid ou le frottement. L'irrespect pour les péquenots vient sûrement du fait qu'on a toujours la tête dans le cul des vaches.

La météo d'un sacristain dans sa cathédrale de verdure

Quand on voit le vert d'Aurigny, l'île à l'horizon de la maison, presque à terre, les couleurs de l'île comme si tu marchais dessus, l'eau arrive.

Quand tu ne vois plus Aurigny alors tu t'es déjà mis à l'abri.

Lorsque le vent tourne amont, l'éclat nous parvient rouge, le ciel s'empourpre.

Lorsque les feuilles de betterave fondent comme asséchées : signe d'eau.

Le zona dont j'ai souffert à la ceinture se réveille : signe d'eau.

Les grenouilles sont plus foncées quand on fauche, soudain elles paraissent plus brunes, les crapauds, eux, ne changent pas, alors on peut aller chercher le paletot de pluie.

Les hirondelles rasent la terre : pluie encore.

On entend le Pieu, Pieu, le pivert chanter : tu peux sortir ton paletot de pluie.

Rougie le matin met la mare au chemin : la rougie du ciel le matin est mauvaise, quand le soleil se couche rouge le lendemain tu as beau temps.

Si on entend de la maison la cloche de l'église de Jobourg, l'humidité signe l'air.

Si on entend les cloches de l'église sonner toutes seules, évidemment la tempête approche et il y a risque de naufrage.

Pour le vent tu regardes vite le ciel, si la veille le soleil jaunâtre t'annonce l'ouest ou s'il est rouge, alors le vent d'amont (nord, nord-est) se pointe.

Le vent d'aval surgit quand le soleil se confond avec la lune.

Si la lune devient barbouillée, on aura de la brume ou du vent d'amont.

Si le phare de Goury se mire dans l'eau : signe de vent d'amont, ou signe de pluie.

Tout coïncide avec le bruit de mer et du raz. Quand tu entends la mer de la baie d'Écalgrain de chez moi, la mer roule donc sud, elle craque et remue les galets, alors t'es content du beau temps qui s'amène.

Si blanche gelée à la crique du jour, on aura des bancs de brume au nord.

Tempêtes : trois jours avant la tempête on voit la lueur des phares des Anglais de la Grande-Bretagne, pas des îles à côté, non, de la grande. Tu les entrevois au nord-ouest. Tu vois le balai, celui de deux coups, celui de trois coups, l'autre a deux coups et s'arrête.

Ton puits te guide aussi, il « maoue », les sources s'agitent, l'eau monte. Et ça remue dans ton corps, tu ressens comme une émotion, comme lorsque tu ne sais pas ce qui va arriver. T'es toujours petit face aux tempêtes, c'est ça en fait. Le puits, il sait avant toi qu'elle va surgir. Car dans notre puits, juste avant la tempête, alors que le ciel est encore beau, des écrelles, des petites crevettes blanches translucides, apparaissent à la surface de l'eau, elles remontent d'on ne sait où. L'eau devient floue, bouillonne.

L'eau et le ciel se lient alors par les profondeurs, t'as plus rien d'autre à faire qu'attendre. Et quand la tempête arrive, la déferlante, ça te cogne le corps contre la terre. L'eau ici t'affirme vraiment sa puissance. Les vagues ici et le bruit, parfois, ça te fiche la frousse. Ces jours-là, je fais mes paniers en osier, tranquille au coin du feu !

Avant aujourd'hui, au printemps, les hirondelles arrivaient par le sémaphore, quand les algues commençaient à repousser sur les rochers. Elles arrivaient toujours à la même place, survolant la pointe, où on était à traire.

On avait l'impression de ne pas vieillir.

Les choses revenaient, au même moment à la même place, t'avais l'impression que t'allais pas mourir, que tout serait là pour toujours. J'ai eu longtemps cette certitude, jusqu'à peut-être la mort de ma mère. Je me suis toujours dit qu'il fallait arrêter de vieillir en prenant de l'âge. Les hirondelles, chaque printemps, me le rappelaient. D'ailleurs tu me traiterais de fou si je te racontais que d'une année sur l'autre je reconnaissais certaines des hirondelles des toits de mes étables.

Dans la cour de la ferme, la basse-cour s'agrandissait, les poussins devenaient poules, les canes apprenaient à leurs canards comment faire avec la salade et les autres aliments, et l'année suivante le cercle recommençait.

Je ne me lasse pas de voir et observer cette nature survivant sans rien, sans rien d'autre que de se repasser les bons tuyaux à chacun pour sa survie.

Le mérite d'un paysan

Nos étables portent des noms, celle « de tchu d'étoupe[1] », un Audervillais connu pour ses frasques de contrebandier, dans celle-là, ça sent la fraude ! Elle hébergeait des veaux gras où on engraissait les veaux pour les vendre.

Celle « des p'tits viâos » abritait les génisses pour le lait.

Dans le petit recoin, celle « aux lapins ».

T'as aussi le cottin, et « l'étable du bout ».

Mon père, pendant la guerre, avait bâché les barrières très hautes, qui n'existent plus, afin qu'on ne remarque pas le pauvre cochon qu'on avait bâillonné pour le tuer !

Ma mère lavait avec les autres femmes les boyaux au lavoir et aussi à la mer, elles les retournaient plusieurs fois pour les vider. On les faisait griller avec un peu de sel.

---

1. Pantalon rapiécé.

Quand on n'a plus eu le droit de tuer le cochon, on le tuait quand même.

Un jour, alors que j'aide mon cousin à en mettre un sur la paille, enfin bon faudrait pas raconter ça parce que Brigitte Bardot va nous tomber sur le crâne, remarque je crois qu'elle est morte, bon je sais plus… voilà le cochon qui se remet debout pendant quelques secondes ! Mort sans être mort. J'osais plus allumer sous la paille avec laquelle on brûle ses poils en le frottant. Il est resté quelques secondes sur ses quatre pattes, le malheureux, et il a rendu la vie pour de bon.

Pauvre cochon, ça a fait bête, son coup de survie.

Après j'aimais plus tuer le cochon, ça m'avait culpabilisé.

Un homme éventrait la bestiole avec une baïonnette qu'on avait récupérée d'un fusil allemand, ça filait, c'était intéressant, tu gagnais du temps. Y a pas à dire, ils étaient forts, les Boches, question de te couper en deux. Des vrais écorcheurs, leur lame nous dure encore !

Je vais te dire une chose, rapport aux « touristes », aux envahisseurs, pendant la guerre, y a le pardon, ça d'accord, mais tu ne peux pas oublier.

Au 14 juillet 2007, dans la tribune officielle à Paris, lorsque j'ai été invité par Nicolas, j'avais gardé ma casquette de paysan afin de représenter les petits paysans à la tribune.

Bon, grandiose, le défilé, impeccable, l'année de l'Europe, l'Europe de la paix je veux bien. L'Europe agricole, j'suis moins certain d'être d'accord. Soudain, fini de rire, la troupe allemande s'amène avec ses bottes cloutées et sa musique, un grand frisson a passé dans mon corps. Ils ont comme pas changé, leur pas, leur allure.

Hier comme tout récent, ils étaient chez nous, avec la peur qu'ils nous flanquaient des bombardements.

Aujourd'hui heureusement j'aime à leur donner une poignée de main, les enfants ne sont pas responsables de leurs parents. Mais quand même, dans ce défilé, quand tu entends le *tap tap* de leurs bottes, tu te souviens encore de tes camarades qui chantaient : « Hali halo, vous irez tous à l'iâo ! »

Et tu revois les gamins dans la cour de l'école les imiter en tordant du croupion comme des canards.

Les vieux en me lisant vont dire « il est con », un Allemand sur les traces de son père c'est un souvenir et c'est tout. J'en accueille amicalement souvent, maintenant, ceux-là sont des Allemands, pas des Boches.

Mais les souvenirs, ça te fait mal à la mémoire parfois.

Je préférerais revoir ces hirondelles revenir par le sémaphore que de revoir le drapeau noir flotter au vent comme un épouvantail.

Je me promène dans ma nature, mais avec moi je traîne une longue histoire, mes pensées et mes jours, mes bêtes et mes champs.

Être sacristain, c'est aussi ça, c'est porter la haine et l'amour.

Les souvenirs inscrits dans les endroits où tu habites pèsent lourd.

Ça pèse également, de ne pas avoir toujours fabriqué la terre comme tout le monde, d'être resté à la traîne du progrès.

On te met à l'écart longtemps, dans un petit racoin.

Et on te ressort juste avant que tu meures.

Comme ce qui m'arrive là maintenant.

Avant je m'étais oublié.

Dans quelques jours, ou heures ou mois, on m'aura oublié.

Paul aux chiottes

Quelques personnes pensent que je n'existe pas, que je suis inventé. Mes mains ne mentent pas : des grosses palettes pleines de merde sous les ongles. Ma vie c'est la ferme. J'ai des paluches d'agriculteur, on se reconnaît entre nous.

Pour les lettres c'est pareil, sur plus de deux à trois mille reçues, on a mis huit jours à les trier avec mes sœurs fin décembre 2008.

Cinq doigts suffisent pour compter les antipathiques. Je ne me verrais pas écrire une lettre à quelqu'un qui ne me plaît pas. Ces gens ont des choses à se reprocher plus qu'ils ne reprochent, enfin, c'est ce que je pense. Personne n'irait écrire à Johnny pour lui raconter sa vie et ses souffrances, il ne lirait pas la lettre, aussi personne n'a l'idée de l'engueuler.

Chaque lettre a sa place, chaque visiteur a sa place à la maison, chaque lecteur, chaque spectateur a sa place.

J'apprécie les sincères.

Pour les lettres, toutes aussi gentilles et profondes les unes que les autres, je ne peux y répondre. Il me faudrait beaucoup de timbres ! Avec 750 euros de retraite je fais attention.

Et ensuite j'écris très lentement.

Mais je lis vraiment chacune d'entre elles, je prends un temps chaque matin pour ça. Ces lettres sont pour moi un plaisir nouveau, une ouverture sur les autres, sur d'autres histoires, de tous métiers et de tous bords, des croyants, des incroyants. Des croyants de la terre, et d'autres qui croient en une terre moins naturelle. Je lis et je réfléchis au monde qui vient et au monde devenu, j'essaie de ne pas lire « par-dessus les mots ».

Un journaliste a affirmé, peut-être pris de jalousie de voir qu'on parle de moi dans les journaux : « Bientôt on va écrire *Paul aux chiottes* ! »

J'aurais peut-être pas dû écouter quand on me l'a raconté, j'avais l'oreille qui traînait, j'en ai une qui ne marche plus, mais l'autre entend encore suffisamment. Ce journaliste pense probablement que de témoigner ça sert à rien, mais il est pas allé dire ça à Johnny le chanteur, il oserait pas, il aurait peur de son argent.

Les vedettes ont le droit de se montrer, mais les pauvres cons comme moi, les pauvres types idiots, ça ne doit pas être vu, ni même être autorisé à parler.

C'est pas moi qui suis important dans le message, c'est nous tous, gens de la terre, qu'on regarde au travers de mon métier et de mon témoignage. Parler de nos valeurs, de nos croyances et de nos métiers. Nous tous, gens qui aimons la terre, bientôt on partira, y a beaucoup de vieux, faudra bien que quelqu'un prenne notre place.

L'amitié ce n'est pas un crime, parce que ce qui m'arrive, ça a à voir avec l'amitié.

Ceux qui n'ont pas d'argent comme moi seraient donc bons pour les chiottes !

Je ne sais pas chanter, alors de toute manière…

Je ne suis pas fâché. Qu'il vienne me voir, je lui montrerai mes chiottes à moi, il sera peut-être étonné, ou peut-être pas !

Je suis heureux de ce que je crois.

Des gens viennent me voir parce que je suis « possible » et d'autres viennent me voir parce que je suis « impossible ».

Les vieux comme nous sont des cons pour beaucoup. On voit en nous des arriérés. Pourtant je ne suis pas contre un certain progrès, j'ai une voiture, une Mobylette et après un tracteur, même s'il date.

On a de l'eau chaude à la maison et l'eau du puits sert aux travaux de dehors, on en a au robinet. Seulement c'est vrai, on n'a pas de besoins, on vit de nécessité si je puis dire.

Je reçois des gens athées, alors là athées complètement, qui viennent me parler de Dieu, ceux-là commencent toujours ainsi :

— Vous savez, Paul, je suis d'accord avec vous pour tout ce qui touche à l'agriculture mais pas d'accord avec vos croyances et avec Dieu.

— Ah bon, je leur réponds. Alors pourquoi m'en parlez-vous ?

J'ai eu de belles discussions avec ces gens-là. Ça veut dire qu'y en a qui comprenne même s'ils sont pas copains avec la religion, la terre c'est un tout de matériel et de spirituel. Pour les deux tu peux choisir.

T'y peux rien, quand t'es baptisé t'es baptisé, tu peux toujours te tortiller pour l'ignorer, tu l'es quand même. Tout le monde fait quelque chose de bien dans sa vie, je ne suis pas unique, ça m'a fait très plaisir d'être élu « l'homme de l'année » par les lecteurs du quotidien *La Presse de la Manche* en 2007. Une pluie de voix m'est tombée dessus, mais celui qui était arrivé deuxième fait plus selon moi pour ses semblables. Je remercie ceux qui ont voté pour moi, parce qu'à leur manière ils ont remercié tous ceux de la terre et des bêtes ! Ils ont remercié à travers moi ceux qui me ressemblent et qui n'ont pas honte d'être des pauvres types à gratouiller dans la merde, dans le vent et sous la pluie. C'est comme ça que j'ai pris cet honneur.

L'an prochain ce sera quelqu'un d'autre et c'est tant mieux comme ça.

Un jour, on m'invite à une conférence. Avant et après on m'oublie dans un petit coin. C'est l'heure du déjeuner, le jeune président de la journée ne sait plus comment placer les gens à table.

Je suis déjà assis.

Les politiques arrivent, les présidents aussi, et petit à petit on me pousse, on me pousse, on aurait dit qu'on évitait de mettre quelqu'un à côté de moi, quelqu'un des officiels ! Une impression certainement, et me voilà en bout de table et en face du petit curé Albert qui comme voisin n'avait plus que son assiette. Des trois femmes sur vingt bonshommes qui étaient à notre table, les trois se sont trouvées poussées au bout avec nous !

Paul l'arriéré qui se prend pour une vedette, le petit curé en retraite et les femmes !

La société, quoi !

Albert avec son humour à lui nous a fait rire :

— Tu vois, Paul, on est des retraités maintenant, des sans-grade ! On nous pousse en bout de table. Mais c'est pas grave, à ma droite il y a une assiette (vide donc) et si jamais Jésus vient, on l'invitera, t'es d'accord ?

— Pour sûr que j'suis d'accord !

Et Albert a ajouté :

— Les derniers seront les premiers servis.

Ce qui fut fait ! On nous a servis en premier et on avait drôlement faim.

Quand une jeune fille a voulu enlever l'assiette vide, Albert l'a retenue :

— Laissez-nous l'assiette, mademoiselle, on attend quelqu'un de très important, vous n'imaginez pas !

Une femme un jour s'est inquiété de moi :

— Pauvre Paul, comme vous devez être malheureux sans vos vaches ! Qu'est ce qu'on ne vous fait pas faire.

J'ai relevé la tête.

J'étais en rencontre dans une librairie à Coutances pour une dédicace et du papotage, si bien entouré de dames qui voulaient une signature sur leurs livres, enfin bon, un petit coup de griffe de Paul.

Je lui ai répondu du tac au tac :

— Mais non, croyez pas ça, je suis pas malheureux sans mes vaches, je fais un autre métier, je témoigne.

Toutefois, et c'est bien l'avantage, j'ai jamais été autant embrassé par les femmes.

Puis, j'ai montré avec mon crayon toute l'assemblée qui attendait pour la dédicace.

— Vous voyez bien, j'ai juste changé de troupeau !

Un gros silence… suivi d'un énorme éclat de rire, tu penses bien !

Les visites, chez moi, durent de cinq minutes à deux heures, je préfère les visites courtes, je peux ainsi continuer mon boulot, mais d'un autre côté, on voudrait en cinq minutes en apprendre sur les gens autant qu'avec ceux qui restent deux heures !

Des gens viennent de très loin : une *litanin*[1] de Hollande, d'Allemagne, de toute la France. J'apprécie toutes les visites forcément, les gens me parlent du pays d'où ils viennent, de la grande ville dont dépend leur campagne s'ils sont ruraux.

Je révise ma géographie.

Mes armoires se remplissent de cadeaux, souvent des produits de leur région. Je n'aime pas tout, parfois même on rigole avec les sœurs, par exemple un

1. Suite de gens ou de choses sans fin.

Canadien m'a apporté un sirop d'érable pour mettre sur mon pain le matin, ça ne m'a rien dit !

Avec tout ça, les sœurs et moi on n'arrête plus, y en a une qui met les verres, l'autre qui chauffe le café et moi je tiens la bavasse. Dans tous les cas c'est moi qui débarrasse la table et ferai la vaisselle.

On est en RTO chez les Bedel, en Retraite Très Occupée.

Ma journée en RTO

Je regarde la rubrique nécrologique, comme chaque matin, avec un jour de retard puisque je lis le journal de la veille. Mon frère qui est abonné me l'apporte dès qu'il l'a lu. Je repère les âges, puis les communes, je m'arrête aux annonces du canton.

Ce qui ne veut pas dire que les autres n'ont pas le droit de mourir, si cela vous dit, allez-y avant moi !

Je lis si un office religieux ou si rien n'est prévu et comme maintenant il y a une innovation, « la chose d'aujourd'hui » : la crémation, avec j'ai un peu plus à lire et à penser…

Je ne suis pas pour la crémation, elle n'offre pas de lieu où porter les fleurs, le souvenir : y a plus rien après un coup de chaud ! Pour le décor, chez nous, on ne met pas de tombeau. Tu vas dire qu'on est des pingres. Mais vraiment, pourquoi dépenser pour nous mettre un gros caillou sur le dos qui va te coûter trop cher, et qui sera trop lourd pour t'en retirer de par là-dessous ?

Sur la tombe de mes parents, il y a juste une croix blanche, une petite croix en bois avec le nom. Croix que l'on renouvelle mes frères ou moi à tour de rôle tous les dix ans pour nos parents.

Prier n'est pas rêver, je ne partirai pas au paradis « tel quel » avec mes habits compris, mon corps n'est rien, il est habité par l'âme qu'on ne peut définir ni par l'esprit ni par le mystère. Nous sommes habités par notre croyance, la nôtre j'entends, pas celle des autres.

Selon moi, la mort n'est pas la fin, mais la vie en Dieu. Parfois une personne de mon année meurt, et je pense « je suis toujours là ». Pourtant l'échéance se rapproche. Les souvenirs sont de plus en plus nombreux, l'avenir moins pénible. Au bout du rouleau, j'aimerais qu'on puisse m'enterrer avec mon tracteur, mais ça donnerait du boulot et le cimetière est trop petit pour creuser un si gros trou. Faut laisser de la place aux autres Audervillais.

Chaque jour je me réveille à sept heures. Afin de mieux entendre le raz Blanchard coulant au pied de la maison, j'ouvre ma fenêtre et je me recouche. J'attends un peu dans mon lit. Ensuite, je vais déjeuner mais je prends mon temps, d'abord une toilette au savon de Marseille, puis je descends. Je m'offre un œuf à la coque, un morceau de pain sans beurre, comme je n'en produis plus et que selon moi celui de laiterie a mauvais goût, je le boude. À la saison j'ajoute une asperge verte comme mouillette.

Le café chauffe, on le boit chez nous réchauffé, ça a du goût. Ce n'est qu'après, vers huit heures, huit heures et demie, que je mets le chauffage, j'allume sous le fourneau à bois. Ça frisquette un peu dès l'automne, mais au-dessus de quatorze degrés, pas besoin de se presser, un corps ne gèle pas ! D'ailleurs j'envoie toujours un coup d'œil sur le baromètre et le thermomètre, ainsi, suivant, si je sors j'emmène un pull ou pas.

Les sœurs maintenant dorment après moi, autrefois pour avoir ce moment de tout seul, je me levais à quatre heures et je fabriquais mes barrières ou mes volets dans l'atelier de menuiserie. Avec mes machines à la main, « Paul la machine toujours », je rabotais, je sciais. Ça sentait bon, j'apprécie vraiment le bois et en plus, quand tu pars tu fais toi-même ta boîte ! Encore des économies, ainsi, dans ta vie tu ne coûtes à personne.

Je rejoignais les sœurs vers six heures et demie pour le café. Là, en 2009, rien ne bouge, je lis quelques lettres reçues la veille. Je commence par celles aux écritures d'enfants, les petiots quand ils m'écrivent, ça m'émeut toujours autant. Ça me fait frissonner, la larme à l'œil, pour de vrai. La terre, j'en suis certain, sera bien gardée par des gamins comme eux. Certains sont à l'hôpital alors à ceux-là j'envoie une petite carte de mon village avec un mot d'encouragement.

Vois-tu, je n'ai pas été à l'école et parfois ça bloque, je suis lent à écrire, mais ça bloque pas dans la pensée !

Non, pas du tout ! Je suis lent à écrire et mon jardin m'attend.

Dès que je suis à faire ce que j'ai à faire, je pense à ce que je viens de lire, c'est comme un livre mais qui parle de notre terre, de notre coin, de la façon que j'ai eu de faire avec les sœurs à la manière des parents. Parfois les lettres parlent de Dieu, je me sens lié avec les gens par la pensée de Dieu. Cela donne un sens à la communion, alors même que je n'ai pas pu répondre aux plus de deux mille lettres, je sais que par la pensée d'une certaine manière j'ai rencontré ces gens.

Voilà comment commence ma journée, ma journée de RTO, comme autrefois mais plus tard donc ! D'abord y a les coups de fil, et ça, Françoise n'aime pas, parce que nous avons une très grosse sonnerie à l'ancienne, on sursaute, seule Marie-Jeanne ne réagit pas car elle entend très mal et est appareillée. Françoise bougonne :

— Bon sang qu'est-ce qu'on nous veut enco'!

Qu'est-ce qu'on nous veut encore ? Un voisin, le prêtre, mais aussi des parfaits inconnus « qui nous connaissent » mais que nous ne connaissons pas, des gens de toutes régions qui veulent venir tel jour et qui demandent si nous serons là. C'est simple, je suis toujours là sauf quand je suis ailleurs. Car depuis quelques mois les choses s'emballent, je sors de la Hague. Je suis invité.

Mais cela me fait drôle, ailleurs qu'ici ça sent le moisi, y a pas de vent dans les terres, on ne respire pas ! Je rencontre des gens extraordinaires et l'accueil est toujours merveilleux, toutefois l'âge est là et la route me fatigue, surtout de rester assis longtemps ça m'rouille, et mes genoux s'engourdissent. Alors de plus en plus, je suis obligé de dire non, ça me coûte mais je dois protéger mon chez-moi et ma vie, sinon je n'aurais plus le temps pour les patates, et c'est moi qui me ferais engueuler par les sœurs si nous étions obligés d'en acheter.

Quand je pars de chez moi pour parler de mon métier, les sœurs sont « tranquilles de moi ».

Le dimanche, parfois, je les emmène à pied du côté du sémaphore, ainsi nous prenons le temps de marcher un peu.

Depuis mes nombreuses visites, j'ai l'impression d'être coupé en deux. Mes voisins me conseillent de mettre des heures (presque sept mille visiteurs en deux ans), seulement voilà, je ne serais plus maître chez moi, et j'aime ma petite indépendance. Bientôt je vais écrire sur un panneau devant ma barrière de maison : « DÉCÉDÉ, Paul Bedel parti en poussière, à tout à l'heure ! » En attendant, pour être tranquille cet automne 2009, j'ai préparé une pancarte avec un mot à la mode : GRIPPE.

Les visites m'ont apporté quelque chose et pour les sœurs c'est pareil, seulement certaines durent trop longtemps, les gens s'attablent et voilà, la journée est fichue. Les gens n'imaginent pas que Paul est en RTO ! Il me reste deux champs et des jardins !

D'autres proposent que j'embauche mes visiteurs ! Mais c'est impossible, je serais un patron trop exigeant, j'ai mes petites manies.

Alors voilà, je sème à la lune ! J'attends le soir quand les visites cessent et je me sauve dans mon jardin. Quand la lune éclaire, il m'est arrivé de rester avec elle jusqu'à des minuits. Les sœurs n'aiment pas me savoir la nuit seul dans mes terres depuis notre aventure « extraterrestre », lorsque Françoise et moi nous avons vu cette chose dans le ciel qui défiait l'intelligence humaine. Presque tous les jours j'y pense, j'aimerais avant de quitter cette terre qu'on m'explique ce que j'ai vu, cette boule orangée dont la lumière inconnue m'a tant impressionné.

J'apprécie ce moment-là, travailler dans la nuit, comme j'apprécie de rejoindre la basse iâo à la lune également. La nuit, les choses sont différentes, c'est toi seul avec tes pensées, tes histoires, tes questions. La terre est lourde pour moi maintenant, j'ai vieilli, alors souvent je me rappelle mon enfance, quand d'un coup de poignet je pelletais la terre. Plus tu vieillis et plus t'as du mal à la remuer.

La terre, ça t'appelle, pour un paysan, ça te colle aux semelles pour sûr certain. Et sous la lune tu te prends pour un jeune, personne te voit, tu pourrais même creuser ton trou à l'avance, à grande vitesse, comme ça, pour embêter personne.

Seulement dans un cimetière t'es moins tranquille à creuser que dans tes champs, enfin j'imagine !

Si je vis de beaux moments dans la nuit avec ma terre, c'est grâce à mes visiteurs, ils m'ont changé ma vie en bien, jamais j'aurais pensé atteindre une si grande tranquillité qu'à ces instants.

Mes carnets

Chez moi, c'est un grenier. Je garde. À ne rien jeter les choses s'amassent, mais gare si quelqu'un vient déranger mon petit fouilli, je ne retrouve plus rien.

Mes carnets, personne n'y touche.

Je n'y inscris pas pour m'en rappeler les dates d'anniversaire, par habitude on ne se le fête pas, ça vient du vieux temps, où l'on n'en fêtait qu'un, celui de la naissance du Christ à Noël. Par une parole amicale nous marquons le jour de notre fête, le saint patron de notre prénom. Pas besoin de cadeaux pour savoir si on tient les uns aux autres.

On vit ensemble, ça exprime le reste.

Les carnets me servent à autre chose. D'abord, j'aime voir le lendemain ce que j'ai fait la veille, et on y trouvera çà et là quelques adresses ou téléphones. Mes calepins me servent aussi à compter mes patates après récolte, mises en sacs, pas une par une quand même, mais presque, je note le nombre de *pouques* (sacs de jute). Toutefois mes poireaux et mes asperges sont pointés un à un.

Je récupère des carnets vierges lors des premiers de l'an chez les commerçants de Beaumont-Hague ou chez les artisans. Les plus vieux m'ont été offerts par la Caisse mutuelle de réassurance de la Manche. J'en achète un tous les dix ans, un Héraklès ! Celui-ci me sert pour mes comptes annuels, j'en possède un rouge épais à spirale pour mes tenues de comptes de 1986 à nos jours.

Tous sont de la grandeur d'une main, ainsi je peux les emporter partout avec moi et ils s'empilent dans ma boîte « aux touristes ». Tu te rends compte qu'une comptabilité d'une famille et d'une ferme, si tu n'as jamais demandé de subventions évidemment, tient sur deux pages par an ! Pas besoin d'y passer deux heures par semaine.

J'achète à peine, je vends un peu.

Mon père possédait des blocs notes également, des petits formats comme les miens qu'il rangeait dans la cuisine, sur le bout d'un meuble. Personne aurait osé regarder dedans. À côté, posé et toujours prêt à servir, un gros crayon muni d'une mine très épaisse qu'il taillait grossièrement avec son couteau. Il écrivait mal, avec ses doigts en moins pas étonnant. À sa mort, comme je reprenais la ferme, j'y ai eu accès. Il avait noté sa comptabilité et rien d'autre, absolument rien d'autre. J'ai eu l'impression qu'il y manquait des choses. J'aurais aimé le connaître mieux, il parlait si peu. Tous ses chiffres ne voulaient pas dire grand-chose, comment dire, on pouvait se faire une idée de ses « papiers », des affaires de la ferme, mais pas de lui. Du temps, de l'endroit, des gens, ses notes, ça racontait pas vraiment une histoire.

À trente ans à sa mort, j'avais déjà la tête plus loin que dans mes champs, à réfléchir à ma vie et aux gens, mais aussi aux choses. Mes carnets me racontent à ma manière, je les lis parfois, et je me souviens. Tout n'est pas écrit, mais si ça date d'il y a quarante ans je me souviens de l'anecdote.

C'est une façon de prolonger la vie et de conserver la mémoire. Tous les gens rencontrés dans mes journées depuis la mort de mon père sont inscrits sur ce carnet, chacun a eu sa place. Et relire « émousser le buisson, pluie la nuit, nord-est, visite de Pierre » semaine 14 de juin, carnet de 1975, ça me parle.

Seulement avec le temps les visites se sont intensifiées. Dans mon carnet 2008, il y a moins de « planté patates, bricolage, coupé bois » mais plus de « six visiteurs, deux de Caen, plus deux de Fécamp, plus Valognes » mélangés à « ramassage betterave » pour une petite partie…

Mes carnets, c'est ma vie. Seul j'y trouve mon compte ! Et mes héritiers y trouveront mes comptes !

Les gens me posent beaucoup de questions sur mes carnets. Ils sont rangés dans une boîte en fer ayant pris la rouille depuis le temps où je l'ai récupérée dans un de nos champs, une boîte ayant contenu des amorces de fusées de 75 mm des Boches. Cette boîte les protège parfaitement de l'humidité, toujours la qualité des produits allemands... Une prise de guerre donc, avec le temps qu'ils nous ont volé je pouvais leur piquer un petit quelque chose. Quand tu ouvres la boîte, ça sent le vieux !

J'ai aussi des cahiers, des cahiers de mémoire qui ont servi de fil conducteur pour rédiger mes livres, où j'inscris le soir des événements si simples pour certains mais si précieux pour moi. Ceux-là sont cachés mieux encore.

Je n'achetais pas de crayons autrefois, ils venaient tous de récupérations, toutefois, depuis quelque temps mes stocks s'épuisent. J'ai beaucoup à écrire et à dédicacer.

Souvent dans une même année on reçoit comme étrennes plusieurs agendas, j'ai décidé d'en faire des réserves. Les années maigres, quand je n'en recevais pas, j'ai donc pris des anciens non utilisés. J'ai par exemple suivi mon année 1977 sur un carnet de 1975. Dans chaque carré des jours j'ai réécrit la bonne date, j'ai le temps, ça m'occupe.

Si je relis deux années de suite de ma vie, je me rends compte que j'ai bricolé le 12 janvier deux années de suite ! Et qu'il y a eu deux grosses tempêtes le même jour à une année d'intervalle. J'aime à relire mes carnets et à analyser ce qu'ils me révèlent d'année en année.

Dans celui de 1978, à la fin dans les notes j'ai même inscrit des renseignements sur le Vatican :

1 200 employés, 900 habitants citoyens du Vatican, État autonome, 3 milliards de biens immobiliers versés par le gouvernement italien et placés en banque. La basilique Saint-Pierre vit uniquement sur l'offrande et les recettes des musées. Offrande de Saint-Pierre, offrande de chaque paroisse, chaque pays quête et se rassemble par diocèse et expédie à Rome ses dons.

Ce jour-là, je devais me préoccuper du salaire du pape !

Voilà où je veux en venir, car entre mes pages, entre des notes de magasin et mes gribouillis sur le temps, il y a de minuscules feuilles volantes où j'ai écrit les brouillons des prières universelles à lire lors des messes de la paroisse dont je suis le sacristain. Les « choses de là-haut ». La spiritualité est liée à mes jours et à mon travail. Des pensées pour les jeunes qui se marient, pour ceux décédés, etc. côtoient les feuilles découpées de journal où l'on apprend à estimer le poids de nos bovins, dont la méthode Crevat :

Tour de poitrine C mesuré derrière les épaules à élever au cube (en le multipliant deux fois par lui-même) et à multiplier par un coefficient (de 68 à 90) selon l'état de l'animal, ordinaire, mi-gras, gras, fin gras, maigre. Et pour les veaux x 100 !

Les gens qui se sont endettés ont eu plus de mal dans les années quatre-vingt à mettre de côté, moi j'ai mis. Pas des grosses sommes mais un petit peu, et un petit peu chaque année ça aide. Pourtant je n'ai jamais été le salarié de l'État en acceptant les primes. L'État qui a laissé les choses augmenter depuis l'euro, là, aujourd'hui le kilo de patates coûte plus de six francs, un euro ! Et les salades, parfois deux euros !

Treize francs, et je ne parle pas des kilos de pommes et des baguettes qui ont doublé.

On aurait su cela, j'aurais eu trente années de moins, je serais encore plus certainement devenu agriculteur !

Bon c'est vrai, quand je ramasse mes patates je les compte, comme les poireaux, tout est inscrit, c'est pas normal peut-être, tu vas dire que je suis un con ? Mais quand même, s'il avait fallu que je paye là mes patates j'en aurais eu pour mille euros au moins pour l'an ! Et mes asperges, celles que je trempe le matin dans mon œuf de mes poules, le prix des asperges, je n'ose pas regarder ! Et ces maudits navets à soupe, deux euros le kilo, autrefois on les donnait tellement on en avait.

Comme ça, en écrivant le bouquin, ça me paraît encore plus. Tout ce qui n'avait pas d'importance autrefois est devenu cher, le homard qu'on ramassait, les goufiques devenues introuvables, et maintenant c'est les pommes de terre et les navets et les carottes, la tête de chou nous prend la tête.

Quand j'y pense, on a de quoi se dire qu'on s'est fait avoir.

La Mobylette

Beaucoup de gens viennent voir mon tracteur mais aussi ma vieille bécane. Tout jeune encore, le samedi, mon frère me prêtait la sienne lorsqu'il venait nous dire bonjour. J'allais faire des rencontres, faire le beau dans le village. Un voisin m'a vendu la sienne, une vieille Alcion, j'allais à Bayeux assez souvent le dimanche, la route paraissait un peu longue ! Dès Carentan ça me semblait interminable, d'ailleurs un jour elle y a rendu l'âme. J'ai acheté une Motobécane neuve en 1965, avec le temps elle a défraîchi, elle est devenue grise, vraiment sinistre. Comme à la maison j'avais un pot de peinture bleue je lui ai refait une petite beauté, un pot qui me restait de la toilette faite les semaines auparavant à l'écrémeuse. Mais il m'a manqué quelques coups de pinceau pour la finir sur les côtés, alors comme je venais de repeindre en jaune les jantes de mon tracteur, je l'ai finie au jaune.

Au village on pensait que j'avais marchandé avec les PTT.

Ma Mobylette a rencontré et remonté des homards et des crabes, faudrait que je calcule avec mes carnets, ça doit être quelque chose. Elle a rendu l'âme début 2008, je l'ai tripotée bien des fois, mais là, je n'arrive pas à comprendre sa panne. Si j'en achetais une autre actuellement, je me casserais la figure, elles vont trop vite.

Avec celle-ci, je ne suis jamais tombé.

Quand le port du casque est devenu obligatoire, un copain m'en a donné un trop petit, mais je l'ai fait passer « à ma tête » quand même. Tout le temps ma fierté de ne rien acheter. Je venais d'être contrôlé par les flics, ils m'avaient fait signe de m'arrêter et moi au lieu de stopper la machine j'avais levé ma main et je les avais salués comme un bon camarade. L'un des flics se tapait sur la tête, il devait vraiment me prendre pour un abruti, tant mieux pour cette fois !

Une autre fois j'avais laissé mon casque sur l'établi et j'étais allé chercher les bêtes. La camionnette des poulets me klaxonne, je fais mine de ne pas l'entendre, je rentre dans ma courette et je cache ma bécane. Le gendarme m'attendait à la barrière :

— Et votre casque, monsieur ?

— J'ai pas eu le temps de le prendre, j'ai vu mes bêtes sur la route au loin, et je me suis précipité pour aller les rechercher (je venais d'inventer un gros mensonge).

— Que je ne vous y reprenne pas !

Eh oui, Paul est capable de mentir, j'espère que je ne te déçois pas trop.

Quelque temps plus tard, j'avais posé ma Mobylette contre la barrière d'un champ et des chevaux sont passés. Je ne me suis pas méfié.

À mon retour, bon sang, mon casque était à terre, ces cons de chevaux avaient bouffé la garniture ! Ah ça, je n'étais pas content. Mais après un petit coup de propre à l'intérieur j'ai pu glisser mon casque pour du coup agrandi sur ma casquette, ainsi ça me tient chaud et ça me fait une visière pour me protéger du soleil.

Je peux dire merci aux chevaux, il me va confortablement maintenant et j'ai chaud aux oreilles.

Les papiers

Après la Mobylette j'ai acheté ma première voiture, une voiture d'occasion. Pour le permis, j'ai profité qu'un cousin emmène sa sœur pour apprendre à conduire à Cherbourg. Après trois heures de conduite, j'ai passé mon examen en refaisant le même trajet que les trois heures d'avant. Ça a mal commencé pour moi, je roulais trop prudemment, l'inspecteur me poussait :

— On se dépêche, l'escargot, les lents ont pas besoin de permis…

De quoi te faire perdre tous tes moyens.

Vas-y que j'te pousse, vas-y que j'te gueule dessus.

Mais il me l'a donné quand même, je ne l'écoutais pas, je me concentrais sur mon affaire. La cousine passait après moi, « morte gênée » car les quatre candidats d'avant moi avaient été collés. En voyant mon papier, ça lui a redonné des jambes, elle l'a eu aussi.

Pour le permis, j'ai dû plier, c'était un papier obligatoire. Seulement les papiers, j'aime pas ça.

Jusqu'en 2007, date à laquelle je suis allé à l'Élysée, je n'avais toujours pas de papiers d'identité. Pour rentrer à la *garden-party* j'ai présenté mon permis de conduire, un neuf car le premier avait brûlé dans ma bagnole qui avait pris feu en même temps que mon étable et mon foin. Comme j'étais accompagné de notre conseiller général, il a signé une décharge, le gars de l'entrée me regardait un peu louche, ça ira pour cette fois.

Pour le côté administratif de ma ferme, j'ai embauché à la fin des années 1960 une bonne secrétaire pour ma gestion, elle s'appelle Mlle Martin. Impôts, demandes de primes agricoles, ouste, je lui confie en tas d'un coup ! Elle s'en occupe efficacement. Tu l'as compris, c'est mon fourneau à bois, de la marque Arthur Martin. Je brûle, ça flambe et sans remords. Alors, la carte d'identité, je ne voulais pas la demander, les assurances, oui, ça c'est obligatoire, mais pour le reste le moins possible : les empreintes digitales qu'on te demande, le fichage… À la pointe de la Hague t'as pas besoin de ça, tout le monde te connaît et en même temps t'es caché, personne sait que tu existes plus loin. Enfin en principe !

Je voulais rester « Paul tout simple, inconnu » sans que l'administration fourre son nez dans ma petite vie privée. C'est aussi pour cela que je n'ai pas demandé de primes. Pareil, je ne veux pas payer d'impôts. Ils nous bouffent du pognon avec leur folie des grandeurs.

Le fric d'aujourd'hui n'est pas naturel. Il vient d'on ne sait où.

Celui qui paie des impôts, c'est un gars riche.

Je paie par contre des fonciers à la commune.

Mais je me sentirais très mal à l'aise d'être parmi les plus riches. Je suis plus content de ne pas participer à tout ça qui me dépasse. Le « toujours plus ».

La richesse c'est avoir et posséder des choses superflues et les montrer de préférence. Montrer qu'on a plus que les autres. Moi ça ne m'intéresse pas d'être mieux que les autres. Les gens riches, y en a que pour eux, et c'est eux aussi qui réclament le plus. La richesse, ce que j'entends par richesse c'est le pognon, pas l'argent qui te permet de vivre simplement. On est riche en ne possédant rien de trop, en étant modeste dans le bonheur.

Je suis en train de fabriquer mes volets, je pourrais en acheter des automatiques qui se baissent tout seuls, tout le monde le fait. Mais quel plaisir j'aurais ? Je pourrais acheter un rabot électrique et des machines à bois, mais non. Je me sers des outils du père, j'avance tranquillement.

La richesse c'est de faire les choses soi-même.

Car en cas d'ennuis, de crise de l'argent dingue, comme là aujourd'hui en 2009, si tu vis sur toi, avec ton savoir-faire qui t'est venu des ancêtres, alors tu continues à dormir sur tes deux oreilles.

« Alors, t'es devenu riche ? »

Lorsqu'on me pose cette question, y a d'la gêne et d'la curiosité :

— Alors, Paul, tout ça vous a rapporté forcément un petit quelque chose, non ? Combien avez-vous reçu de *royalties* pour le film ? On aimerait savoir combien ça gagne une vedette !

Je réponds avec malice :

— Tiens, tu veux savoir ? Eh bien je gagne des millions par jour !

Est-ce que je suis devenu riche ? Celle-là on me la pose à presque toutes les conférences. Heureusement que les gens d'ici savent que si j'avais reçu un salaire pour tourner le documentaire *Paul dans sa vie*, ça n'aurait pas été pareil, j'aurais été comédien !

Là j'étais dans ma vie, ma vraie vie. Quand tu donnes de ton temps pour parler de ton métier, t'es pas comédien, t'es paysan, et les paysans ne gagnent pas leur argent à rien faire.

Quand j'ai tourné le film, ça m'a pas empêché de

faire mon boulot, l'équipe était là dans la bonne humeur et la bonne entente mais j'étais engagé de rien.

Toutefois, comme avec la météo ici qui nous joue des tours, on peut vivre trois saisons en une journée dans la Hague, je suis obligé quand même d'être un petit peu comédien.

C'est pas pour ça que je suis devenu riche, si ça avait dû arriver il aurait fallu que ce soit mes terres qui me rendent ainsi.

Des fois que je mentirais, j'ai des visiteurs qui regardent quand je vais changer mes fenêtres, elles en auraient besoin, cependant ça risque d'attendre.

Tu vois, je n'ai rien touché et on me dit que j'ai touché du fric, ça c'est pas très juste, ça me fait *grugir* (grincer des dents), mais au fond je m'amuse de ce qu'on pense de ce que j'ai fait comme argent en faisant rien.

Ce que je n'aimerais pas, dans mon idée, c'est avoir à payer des impôts, surtout pour ce qui n'est pas du métier. Parce que le film ce n'est pas comme travailler. C'est pour livrer le témoignage d'un vieux machin qui n'a pas d'enfant à qui raconter.

C'est bien tombé sur moi, mais ça aurait pu tomber sur quelqu'un d'autre et je ne lui aurais pas demandé s'il était devenu riche avec ses aventures.

La réponse me paraît évidente.

Donc c'est non ! Et avec plaisir en plus, j'ai pas envie de devenir con.

Je plaisante souvent en disant que si je n'avais pas tourné le documentaire, je serais plus riche, car j'aurais payé moins de tasses de café ! Mais j'exagère, beaucoup de gens nous en apportent par kilos !

Un documentaire c'est quelque chose que l'on offre, quand on te rémunère c'est pas pareil, j'ai rien voulu, rien, ça m'a fait plaisir et c'est comme pour le reste, les papiers et les contrats me déplaisent, t'es plus libre après. Je ne regrette pas.

Par contre, je ne suis pas d'accord quand on prétend que si j'avais eu un peu d'argent, ça m'aurait « dénaturé ». Faut pas exagérer, ça non, faut pas exagérer, car si l'argent dénature des pauvres gars comme moi, alors qu'est-ce qu'il doit faire sur d'autres...

Des dénaturés on doit en avoir un grand nombre dans le monde entier !

J'ai pourtant été rémunéré un jour pour une publicité pour l'étranger, je ne me rappelle pas pour quel pays. Des gens sont venus me voir pour que j'emmène mon tracteur jusqu'aux Treize Vents à Herqueville, à sept kilomètres de ma commune d'Auderville. J'ai fait l'andouille durant une demi-journée, on a rigolé. Je devais descendre la route sans m'arrêter et un couple de cyclistes fonçait sur mon tracteur et avec une cascade très impressionnante allaient valdinguer tous les deux dans le fossé comme si je les avais tués.

Quand je passe par là maintenant, j'appelle l'endroit le « lieu du crime », le lieu où j'ai écrasé des gens !

Le cameraman m'a rouspété :

— Allez, combien vous voulez pour le dérangement ?

Je ne voulais rien comme d'habitude, mais quand même j'avais bouffé un après-midi entier. Comme il insistait pour le temps passé et l'essence j'ai finalement osé un :

— Vas-y pour cinq cents francs après tout !

Un abonnement au *Pèlerin* coûtait trois cent quinze francs, mon plaisir de le lire l'a emporté sur ma gêne de demander, et en plus j'allais pouvoir m'acheter de nouvelles bottes Aigle à deux cents francs, j'en avais besoin.

Il a sorti cinq billets de cent francs, et vas-y que j'te ! J'ai pas demandé mon reste, je suis parti avec mes billets dans ma poche en ayant l'impression d'avoir vraiment rien fait de la journée mais d'avoir beaucoup gagné.

Le travail de la terre ça paie moins quand même, à l'époque cinq cents francs ça correspondait à la vente d'un demi-veau. Sans compter qu'on payait là-dessus nos retraites et nos assurances sociales. En te racontant mon aventure, je sais que j'aurais pu demander plus ! J'ai jamais eu de nouvelles de ce film. Il a été tourné le 11 mars 1994, j'ai noté sur mon carnet de recettes : « 500 francs pour quatre heures de tournage film avec Pony + remorque. »

Le lendemain je me suis offert des bottes et l'abonnement.

Voilà, j'aime pas parler d'argent.

La carte d'identité

Un homme est venu me voir à la maison sans ses habits du dimanche, il s'est présenté simplement. Il était accompagné de son épouse et de Michel Laurent, notre conseiller général, qui avait organisé cette rencontre.

On s'est mis à table pour boire le café et on a papoté durant deux heures au moins. À la fin de l'entrevue l'homme, M. Eudier, le directeur d'Areva, nous a proposé à mes sœurs et à moi de venir visiter l'usine.

J'avais reçu de temps en temps une invitation par-ci par-là pour venir la visiter en groupe, mais je confiais les cartons à ma secrétaire si efficace…

Nous avons discuté de la Hague. M. Eudier y habite depuis longtemps et il l'aime tant, ça m'a plu car j'ai du plaisir à entendre parler des vies des autres et de notre pays. Je l'ai trouvé sympathique.

J'ai réfléchi, mais j'y réfléchissais depuis déjà un bout de temps. C'est vrai, je m'étais toujours dit que je n'irais jamais la visiter. Mais au fond c'est un peu difficile de se faire une véritable opinion d'une chose qu'on ne connaît pas. Alors j'ai accepté sa proposition à une condition :

— Écoutez, bon, c'est d'accord, j'suis du genre curieux. Je vais aller visiter votre usine, par contre je veux rentrer avec tous mes cheveux !

Et j'ai enlevé ma casquette, puis j'ai passé ma main dans ma tignasse, en tirant dessus, comme je le fais quand les visiteurs étrangers me demandent si je pense que l'usine d'Areva est dangereuse. Je leur dis :

— Je les ai encore tous, regardez !

Bon, la rigolade !

Seulement fallait montrer patte blanche :

— Mais attention, Paul, vous ne pourrez pas entrer dans l'usine sans carte d'identité et on m'a dit qu'en janvier 2008 vous n'en aviez pas encore !

Ça m'a fichu un coup mais trop tard pour reculer ! J'ai essayé de me débiner...

— Ah, mais mes sœurs l'ont et j'ai mon permis !

— Non, pas le permis, la carte, faudra la demander en mairie.

Qu'est-ce qu'on ne me faisait pas faire !

Ça m'embêtait d'être fiché, depuis soixante-dix-sept ans je m'en passais, et c'était pour moi comme une coquetterie ! Voilà que pour rentrer à la Cogema (ancien nom d'Areva) ça compliquait plus. En gros, on entre plus facilement chez le président de la République que chez le directeur d'Areva la Hague ! Avec du recul, il est plus facile d'aborder ce directeur-là que ce président-là, enfin bon, à l'Élysée nous étions plus de deux mille le 14 juillet 2007 ! On ne peut pas serrer les paluches à tout le monde. Nicolas (du temps où il était encore avec Cécilia) est passé à vingt mètres de moi mais ne m'a pas vu. Par contre son commis (Fillon) m'a salué.

Nous avons fixé une date pour notre visite. Mais voici que trois jours avant la date prévue ma carte d'identité n'était pas arrivée. Un petit coup de fil d'un politique à la préfecture (ça va vite avec ces gens-là) et hop ! la veille de la visite je suis allé la chercher dans ma petite mairie d'Auderville, quel événement.

Depuis je suis fiché ! C'est ma tronche sous plastique maintenant que j'ai dans mon portefeuille.

Évelyne Laurent, la secrétaire de mairie, nous accompagnera pour la visite, elle est la femme de notre conseiller général qui a un empêchement pour le jour prévu. Elle est arrivée comme secrétaire de mairie « chez nous » dans les années 1980, à trente ans, déposée dans un village aussi petit que le nôtre. De son premier conseil municipal elle doit se souvenir, durant deux heures on l'avait vue écouter sans prendre de notes. On s'était dit, nous autres, qu'elle devait avoir une sacrée mémoire. Nous n'étions pas fins, nous avions parlé patois tout du long et elle ne le comprenait pas ! À la réunion d'après, notre maire nous avait demandé de parler en français. Nous l'avons gardée et nous nous en sommes accommodés et plus, c'est elle qui parle patois maintenant !

Donc, carte d'identité en poche, prêts pour le grand jour !

Je me suis toujours dit qu'après la visite, si je ne suis pas d'accord avec le gouvernement, je pourrai toujours la renvoyer.

L'enveloppe est prête.

Zone interdite

Autrefois en sortant de Beaumont-Hague, pour retourner vers Auderville, durant des kilomètres nous tombions dans les landes si odorantes, landes où le village a été construit. Quand on vieillit, la mémoire nous joue des tours si on ne la retient pas.

Toutefois, je me souviens de ce lieu qui a toujours paru maudit. Le jour, ça allait encore, mais combien de Haguais se sont fait dépouiller en revenant de la foire par des égorgeurs, des bandits d'autrefois, des *goubelins* (diablotins).

Et il y avait l'histoire de ce cavalier sans tête, un fantôme chevauchant un coursier à la longue crinière vaporeuse, gardien du trésor des landes apparaissant au déclin de l'année les jours de brume ou de lune. Les contrebandiers s'y cachaient et jouaient au chat et à la souris avec les *gabelous* (douaniers).

Certains ayant attrapé froid étaient morts de pleurésie. Ce lieu portait malheur. Avant encore, les Celtes y enterraient leurs morts. Des tumuli y avaient été découverts. Et l'on raconte même qu'à cet endroit, sur ces landes à la terre noire, les païens avaient construit des sortes de gabions élevés sur des petites buttes en vue d'envahir le Cotentin. Et qu'après la bataille victorieuse, les paroissiens avaient prié pour reconnaître les chrétiens morts afin de les enterrer autour de l'église. Au moment de l'inhumation, devant chaque dépouille, un cri venant du ciel — « Mort Cry » — les prévenait dans le cas où l'homme avait été baptisé. Les corps des ennemis restèrent à pourrir à même l'air.

Puis, lorsque les landes ont été partagées par l'État à tous les habitants, en contrepartie de leur entretien, les paysans de Jobourg en défrichant se sont rendu compte que des terres y avaient été mélangées, des rouges et des noires, et ça a accrédité la légende qu'ici c'était un lieu de sépulture mais aussi qu'on y avait ajouté quelque chose « ramené de l'étranger ».

Ça a toujours reniflé le trésor, la malédiction et la mort. Lorsque les politiques ont choisi de céder les landes de Jobourg au nucléaire, ils cédaient un lieu maudit, un cimetière recouvert de *fifolets* (feux follets), imprégné de magie, de mystère, de toutes ces choses inhumaines dont on ne parle pas, mais que l'on pressent et qui se transmettent de génération en génération.

Bon, je ne veux faire peur à personne mais quand même, ce lieu était déjà bousillé avant l'usine.

D'ailleurs, le jour de ma confirmation à l'église de Beaumont-Hague, en 1942, nous avions à notre retour essuyé des tirs, la jument nous avait secoués. En effet, les Allemands y avaient construit des chapelets de blockhaus et ça bombardait et mitraillait de par là-bas. On a eu la vie sauve certainement du fait que nous étions trois enfants du village dans la carriole avec le père, tous trois frais bénis par l'évêque ! Quelques mois plus tard, la route avait été coupée devant les landes, et placée en zone interdite.

Depuis lors, cet endroit m'a définitivement fichu les jetons. Il dégage une impression de malaise, de pesanteur et dès que tu le passes, à revenir vers Goury, tu es saisi par un sentiment de calme. Et tu peux y aller même encore aujourd'hui, tu longes l'endroit et juste à l'entrée de Jobourg la paix te vient.

Tu retombes dans la Hague authentique.

Avec le père et la jument « Grise », nous longions cet endroit en regardant indifféremment la mer à notre gauche et à droite les piquets et les fougères plantées sur des petites buttes de terre. Nous regardions sans vraiment voir, et maintenant, quand on sort de Beaumont-Hague pour aller vers Auderville, on a quand même tendance à regarder et à fixer notre regard vers la gauche. Vers la mer.

L'usine, sinon, te saute dessus avec ses deux kilomètres de long de barbelés, de pas beau, de vraiment moche, enfin c'est mon avis. Mais en voiture maintenant ça va vite, et on ressent moins les mauvaises ondes les fenêtres fermées.

L'usine, on la regarde d'extérieur et on a encore les bruits des explosifs dans les écoutilles, ça date pourtant du début des années soixante. Pour la construire, les gens du chantier ont fait sauter les ruines allemandes laissées de la guerre. J'ai parfois un frisson en regardant les grandes cheminées d'où s'échappe on ne sait quoi. Seulement l'usine de retraitement des déchets nucléaires paraît plus humaine de l'intérieur, car là-dedans ça grouille de gens, comme dans une ville.

Visite

Évelyne Laurent est venue nous chercher tôt ce matin-là, je finissais de me papilloter. Françoise m'accompagne, Marie-Jeanne entend mal, elle ne souhaite pas venir. Nous sommes accueillis très chaleureusement par le directeur, M. Eudier, et confiés ensuite à une dame.

Dans leurs bureaux très en hauteur, les chefs ont une vue magnifique de la Hague et quand l'un ou l'autre nous parle de la région, il semble l'apprécier. De belles photos de notre coin sont accrochées au mur. Certaines des personnes que je rencontre me confient qu'elles ne partent pas en vacances loin d'ici, qu'elles restent dans leur jardin à écouter la mer et à cultiver leur potager, même si la mer justement « leur pleut dessus ». Ça me fait plaisir, leurs petites anecdotes, car déjà j'avais réfléchi que certaines personnes pourraient ne pas aimer « notre coin », car l'usine me semble étrangère au lieu d'ici, du moins de notre région dans ces paysages.

Autrefois, avant mes aventures, je ne pensais pas comment ma Hague était belle car je ne la quittais jamais. Maintenant je suis certain qu'elle est belle, surtout lorsque je suis loin d'elle. Pour les employés de l'usine, c'est pareil, mais ça leur est arrivé plus vite qu'à moi, cette conscience, parce qu'ils venaient d'ailleurs ! Ils ont comparé. En allant au mois de mai 2008 à Deauville, je marchais sur cette plage inventée où le sable est rapporté et je me suis fait cette réflexion que peut-être, oui peut-être, l'usine de retraitement aurait été aussi bien chez eux finalement. Ils auraient râlé, les Deauvillais et les Parisiens, mais tout aurait été différent pour nous. Seulement Deauville appartient aux riches, ils se seraient défendus à coups d'argent.

On discute un peu et chacun repart à son travail, nous nous donnons rendez-vous pour le déjeuner. Françoise, Évelyne et moi regardons des films très intéressants. Je pense que nous allons avoir droit à une visite en bus comme les touristes de passage et les gens intéressés, mais nous restons dans l'usine, c'est la grande visite des officiels ! Un petit car nous emmène, des bouts de lande ont été préservées ici et là, c'est aménagé, derrière les énormes bâtiments il y a des piquets et de la verdure, celle d'autrefois. On sent qu'il y a une volonté de préserver quelque chose d'avant. Me voici avec un peu d'étonnement. J'en suis très content car nous allons rentrer au cœur des installations.

Hop, en « calfouette », Paul faut passer le paletot blanc ! Une cotte blanche en fait, comme une cotte de travail, mais on ne va pas se salir ! On entre dans une petite cabine comme à la polyclinique et on enfile l'attirail, j'enlève tout en dessous pour ne rien ramener de cet endroit, on ne sait jamais… Nous rions beaucoup de nous voir ainsi déguisés !

Paul s'est mis à poil pour voir la bête !

J'suis pas dégourdi d'à matin !

Mais quand même, cette fois j'ai rien mis à l'envers en apparence, enfin personne ne m'a fait de réflexion, pas comme un jour à la radiologie où j'avais mis ma chemise à l'envers, ouverte sur le devant. La dame qui était venue me chercher dans ma cabine avait refermé la porte aussi sec. Ensuite elle n'osait plus entrer avant que je lui affirme que j'avais mis l'ouverture dans le dos !

Enfin bref, à Areva, il paraît qu'on pouvait rester en sous-vêtements, je suis nu dessous par prudence, mais j'ai boutonné partout, même si je ne fais jamais comme les autres, j'ai pas envie d'effrayer quelqu'un !

Je suis un peu impressionné, dès que tu passes le costume, t'as l'impression que tu y es vraiment. Voici la piscine ! Ça, on n'irait pas se baigner dedans.

Je regarde le plafond et les coins des murs, y a des toiles d'araignées nulle part !

On visite, au cœur du monstre !

Le temps passe vite. Voici une salle de télémanipulation, nous arrivons par hasard au bon moment, là je dois dire, on regarde quelque chose qui nous échappe, c'est technique, vraiment technique. Évelyne et Françoise écoutent volontiers les explications, je suis un peu distrait, l'œil ailleurs. Je pense à ce que j'aurais pu faire si j'avais choisi comme tant d'autres de travailler pour l'usine, moi j'aime la terre et le bois, peut-être qu'ils auraient embauché un menuisier, qui sait ! Mais jamais je n'aurais senti la sciure comme je la sens chez moi, quand elle tombe sur la terre battue de mon atelier, quand le rabot glisse doucement. Ici, y a pas de poussière en tas comme de la farine ! Vraiment, non, je ne regrette rien, autant je suis content de ma visite autant je suis content d'avoir été paysan.

Nous entrons dans la « cuisine », le laboratoire, là on a rigolé. Tu ouvres des grands frigos avec toutes sortes de choses que je connais, dont un homard à moitié cramé qu'on ne peut pas manger ! Des crabes, de l'herbe, du lait, des œufs, du fromage, des aliments, des algues dans des barquettes, seulement c'est pour cuire, calciné, et savoir si c'est radioactif.

On contrôle donc.

Heureusement on ne va pas nous dire : à table ! Après la cuisson ils moulinent tout ceci dans un mixeur et le pauvre homard que je n'ai pas pêché se retrouve dans une éprouvette.

Tu parles d'un gâchis !

Voilà le moment de passer sous le sas ! Les dames d'abord ! Le sas c'est pour voir si t'es pas devenu radioactif en te promenant dans les installations critiques. Une sorte de bascule et tu tends tes mains. Seulement à mon tour, voilà que les lumières tournent au rouge, je passe, je repasse et toujours rouge.

Je rigole jaune !

Mais non, je ne me positionne pas comme il faut, je me redresse. Tu le sais j'suis crochu du dos, alors je fais un gros effort pour me redresser et la machine me donne le droit de passer.

Trois fois de suite j'ai vu rouge !

Quand on ressort de là-dedans c'est mieux d'avoir la tête haute !

Nous allons déjeuner aux Moulinets, à la maison d'hôte comme on l'appelle. Combien de nos jeunes filles autrefois sont allées travailler là-bas ? Dans tous les villages nous parlions de cet endroit où l'on mangeait des homards qui n'avaient pas traîné (pas congelés) à la sauce armoricaine, des poissons frais, de bons desserts.

À Herqueville, où ce restaurant est situé, et dans les villages alentour, on était plutôt à manger à la r'haguaise (avec du sel et du poivre tout simplement). Le homard, j'en ferais mon ordinaire tous les jours s'il m'en tombait un dans mon assiette, j'y ferais pas la grimace. Nous sommes des rustiques dans ce qu'on mange, nous, les Bedel, et d'autres dans la Hague.

Le monde a changé depuis l'arrivée de l'usine. Leur président, c'est même une présidente, Mme Lauvergeon, il paraît qu'elle a demandé à lire ma biographie quand j'ai écrit mon enfance *Paul dans les pas du père*, et que lors d'une de ses visites on la lui a offerte…

Ben alors, je me demande comment une femme aussi haut placée peut avoir envie de savoir ce qu'a été la vie d'un spécimen comme moi. Mais c'est vrai, c'est le pauvre Paul pas évolué qui déjeune aujourd'hui à table avec le directeur, toujours aussi sympathique, et Françoise, ma sœur, semble ravie ! Il a même invité la dame qui nous suit depuis ce matin à notre table et ça, ça j'apprécie. Vois-tu, je n'aime pas trop quand on met de côté les adjoints, les petits commis. L'après-midi la visite continue puis nous allons rechercher nos pièces d'identité. On ne nous a pas laissés dans un petit coin, non c'était vraiment une invitation, et ensuite nous sommes redescendus à l'accueil.

La paix

Quand nous sommes entrés dans la pièce bondée, des gens nous attendaient avec leur livre sous le bras et ils ont applaudi, et tous ont eu une parole aimable. Je reconnaissais certains d'entre eux, des petiots de chez nous, qui avaient là leur boulot et qui semblaient très heureux de notre visite. Et d'autres que je ne voyais pas être du coin, mais qui avaient tellement d'amour pour la Hague, notre région, que ça faisait plaisir d'entendre ça. Ça ressemblait à une fête familiale, tous avaient l'air heureux de travailler ici. Et c'est pas rien, ça, d'être heureux dans son boulot, par les temps qu'on a où tout le monde se plaint.

Alors j'ai raconté aux uns et aux autres le pourquoi de ma présence ici :

« Je pensais que j'étais un gars qui ne réfléchissait pas, à l'école après ma maladie je me sentais vraiment affaibli intellectuellement, du moins par rapport aux autres. Tellement timide et en même temps tellement en attente de communiquer et de parler avec les autres. Donc un gars comme moi, qu'était pas ingénieur mais seulement ingénieux, il ne pouvait pas comprendre l'atome. C'était pour ceux qui avaient fait des études, pas pour un péquenot comme moi. J'étais dans mes champs et nous avions la guerre à oublier, on ne se rend pas compte, la guerre et ses bombardements nous écorchent les pensées, même encore aujourd'hui.

« Quand ils ont construit l'usine, ils ont fait sauter les blockhaus dans les landes à la dynamite, ça m'a rappelé de mauvais souvenirs, aussitôt je m'en suis méfié. Ça nous envahissait de partout, tout a changé après la guerre et après la construction de l'usine, ça nous faisait deux après-guerres en quelque sorte. Plus de chèvres, plus de moutons à paître là-bas dans les landes, plus de chevalier sans tête. Des routes, des camions, du béton. Et soudain, des gens venus d'ailleurs avec leur regard amusé et parfois, seulement parfois, méprisant. Une raison de plus pour ne pas s'intéresser à ces cabanes de béton devenues bientôt plus hautes que des immeubles. Certains étrangers nous traitaient de dégénérés, vous me direz, on nous le disait parfois en face comme insulte mais rarement, le plus souvent on nous insultait du regard.

« Moi ça ne m'a jamais rien fait, j'aimais trop ma terre, et mes sœurs aussi, on y était accrochés d'amour aux bêtes, d'amour aux pierres, à tout. Je suis certain qu'à cause de regards aussi cons des jeunes ne sont pas restés à la terre. Et petit à petit, on a réussi à s'assimiler et à se respecter tous ensemble, et c'est tant mieux. Chacun sa vie, moi dès quatre heures et demie du matin à travailler le bois de mes barrières avant d'aller traire vers six heures et demie après un café. Et eux, les gens de l'usine, avec un réveil-matin qui leur sonne les cloches, esclaves de leur temps et pas moi. »

Voilà c'est à peu près ce que j'ai dit aux gens qui travaillent à Areva.

Pour rigoler, j'ajouterais bien une petite blague, l'usine nucléaire, si elle faisait « bien » son boulot, on aurait des homards à quatre grosses pinces ou même à six, ce serait pas mal, ça !

L'usine, j'en pense, des choses, mais ça fait vivre les gens. Je l'ai visitée un point c'est tout, rien n'a changé, ni avant ni après, j'suis rentré, j'suis ressorti ! Et je remercie le directeur de ce bon accueil.

La guerre, ça a tout changé, tout détruit, il a fallu qu'on vive avec. T'en as des tas, de gens, qui critiquent l'usine, ils ne la voudraient pas chez eux ça non, mais ils appuient sur le bouton quand même. T'en as des tas, de gens, qui critiquent les Haguais habitant tout à côté d'elle, on dit qu'on habite dans la « poudrière nucléaire », seulement ils appuient sur le bouton également.

On nous méprise.

Si j'en disais trop on dirait : « Voilà l'idiot du village qui se met à s'occuper d'autre chose que de la terre ! » C'est vrai, seulement ces gens qui nous jugent oublient que comme pour la guerre, on n'a pas eu le choix. On nous accuse d'avoir laissé se construire cette usine ici, elle aurait pu être ailleurs, elle est là, on n'allait pas faire des attentats et tuer des gens pour qu'elle ne se construise pas, les révolutions ça mène à rien et les morts non plus.

Il y a eu des manifestations, mais comment vouliez-vous qu'un petit morceau d'île avec une poignée d'habitants puisse contrer une décision si hautement prise pour tenter de sauver des landes maudites ? J'avais une tante (pas une cousine comme on a dit), Alexina, qui chassait les « gens de l'atome » avec sa trique, mais ça c'était de famille, comme le grand-père avait fait pour les Boches. Elle défendait son territoire avec un bâton. Les gens qui chassaient sur ses terres sans son autorisation recevaient le même accueil, elle ne craignait pas leurs fusils. Ingénieurs, géomètres, chasseurs et même promeneurs... Moi aussi elle m'a menacé quand j'étais avec mon père à passer dans ses champs. Mais mon père lui avait dit :

— J'suis allé perdre deux doigts à la guerre (14-18) pour que tu vives en paix, alors laisse-nous passer.

Et plus jamais elle ne nous a menacés.

Ma tante était maligne, elle avait réussi à faire monter les enchères de ses cllos dont on voulait l'exproprier, rien que pour embêter. Ils l'ont expropriée quand même, et de ce que je crois savoir, elle n'a jamais touché à ce maudit argent, il est allé à la Caisse des dépôts et consignations, à sa mort il n'est rien resté, l'argent n'y était pas indexé sur l'inflation.

Ici on n'achète pas les humains, du moins on n'a pas encore réussi à changer les gens en argent.

Alors quand on salit ma Hague, notre Hague, ça me fait bouillir le sang. Ces gens qui, à des centaines de kilomètres, se chauffent justement au nucléaire sans en subir aucun inconvénient devraient venir seulement voir le pays, juste voir. Pas la Hague conjuguée au nucléaire, la Hague authentique et ses habitants.

Car mon père avait raison, trop de jeunes hommes ont perdu des morceaux d'eux, ou tout perdu à la guerre de 14-18, l'homme doit aller vers la paix. Ceux qui nous appellent les « irradiés » sont ceux qui ne viendront jamais voir comme la Hague est belle et authentique, et c'est tant pis pour eux !

Je demande juste une petite chose pour les enfants qui naîtront sur notre terre du bout, c'est qu'on nous respecte comme humains et qu'on nous salisse pas avec des émissions ou des articles qui mentent. Critiquer ça doit pas tuer notre pays, un pays.

Le curé atomique

La visite avait commencé sans qu'on me parle de nucléaire, mais de la Hague dans ce qu'elle a de plus beau et de plus attachant pour moi et Françoise. Comme moi d'ailleurs depuis toujours, nous les Haguais nous ne pensons jamais « la Hague au nucléaire ».

La Hague veut dire nos champs, nos falaises et notre grain de terre comme un navire au-dessus de l'eau, notre lait, nos vaches, nos moutons de prés salés, nos murets de pierres. D'ailleurs le beurre de laiterie avant l'usine s'appelait « beurre de la Hague », on a barré son nom pour l'appeler « beurre du Val de Saire » puis « Valco »... la Hague ne faisait plus vendre. Pour ce qui est des moqueries parce que nous habitons près de l'usine de « retraitement des déchets radioactifs », de recyclage des combustibles usés en fait, on peut tout aussi prendre modèle sur notre bon curé Camille Hamel d'Auderville qui en riait. À Coutances, à l'évêché, ses collègues le surnommaient le « curé atomique ! » Ça lui plaisait, il prétendait que ça lui donnait plein d'énergie !

On n'a pas eu d'autre choix que d'en rire, seulement avec tout ça notre côte n'a pas été construite, ça a évité que des gens viennent bétonner avec des logements touristiques. Au fond, on a eu de la chance.

Nous ne sommes pas nombreux à ne pas avoir dépendu du nucléaire, et encore, l'arrivée de l'usine nous a donné de nombreux clients, à moi et mes sœurs, pour la vente du beurre. Nous étions des ruraux si je puis dire et tout d'un coup, de partout, on nous a mis du nucléaire jusqu'à l'arsenal avec des sous-marins et la centrale EDF de Flamanville, on est cernés d'atomique. Du traditionnel au moderne, comme ça, le paysage a changé mais moi j'ai rien changé, rien du tout, c'est peut-être pour ça que je n'en ai pas souffert. J'ai surtout souffert du départ des agriculteurs, quand les jeunes ont quitté les champs de leurs parents. Ça oui. Ça m'a fait mal, par solitude, mais cette usine ou une autre n'a rien changé à ma vie.

Beaucoup de mes visiteurs m'en parlent, pour eux j'aurais été plus riche en travaillant à l'usine. Mais je n'ai rien réfléchi, j'avais fait une promesse à mon père de marcher dans ses pas, de prendre ses mains, je m'y suis tenu, ce n'est pas politique, c'était une promesse, j'ai repris la ferme.

On prétend que si j'avais eu des enfants j'aurais alors été obligé de changer quelque chose à ma promesse au père, j'aurais dû me mettre à cochonner mes champs avec des engrais et à acheter des dettes. Et à force, j'aurais dû aller travailler à l'usine.

Je ne vois pas pourquoi. Nous avons vécu jusqu'à six sur l'exploitation, le petit frangin, les sœurs, ma mère et la tante, et en plus nous mettions de côté. Un enfant, une famille auraient largement pu vivre sur notre exploitation.

Mais les agriculteurs qui ont choisi de la rejoindre ont gardé leur ferme, les femmes souvent ont poursuivi la traite et le lait pendant que leurs maris partaient au chantier. Et ça, ça leur faisait double salaire, salaire du lait, salaire de l'usine qui est assez élevé tout le monde le sait. Et souvent les enfants sont allés en pension à Cherbourg, pas au collège de Beaumont-Hague en préfabriqué d'après-guerre, non, aux institutions payantes, et leurs enfants pour certains ont fait de belles études.

L'usine, c'est donc la vache à lait du coin. Nous, les Bedel, on n'avait pas besoin de tant d'argent et le petit frangin est allé aux études. Ce que je veux dire, c'est juste que chaque choix est bon, chaque choix est le meilleur pour soi. Chez nous, une « femme aux petits bouts de beurre » a réussi à acheter une ferme à chacun de ses deux enfants, preuve que l'on pouvait s'en tirer en restant raisonnable.

Cette terre où est construite l'usine ne sera jamais récupérée pour cultiver la nourriture humaine, c'est un fait. Mais j'ai compris depuis longtemps l'utilité de cette énergie qui nous rend plus indépendants vis-à-vis des pays du pétrole. Pour le reste, je ne connais pas beaucoup de personnes qui accepteraient de vivre sans électricité ou sans voiture. J'ai un tracteur ! Il m'a économisé ma peine, l'important est de ne pas se mettre au service du matériel, mais de mettre le matériel à notre service.

Pour ne pas retourner aux tragédies, on ne doit pas nous laisser croire qu'on est des moins que rien, parce qu'on accumule, qu'on habite la Hague, qu'on a de la merde sur les mains. Tout le monde a accès à un certain savoir, il n'est pas réservé aux savants. D'ailleurs tu mets un savant dans un champ de patates à remuer la pelle, ou à traire avec ses mains, tu comprendras tout de suite où je veux en venir, ce jour-là, ce sera à toi d'expliquer sans te moquer.

On fait tous le même métier, on gratte la terre et les autres grattent le papier, on a besoin de tout le monde dans une existence et surtout d'être tolérant. Y a de l'air à partager pour tous.

Moi, j'suis un gars qui pense, qui a des convictions, je m'en fiche quand on ne fait pas comme moi « à la manière à Paul », ce qui est intéressant, c'est les gens divers, de tous bords, les gens à rencontrer. Je demande juste qu'on fasse attention à la terre, pas pour moi, je serai mort bientôt (en principe !), mais pour les enfants qui arrivent, pour qu'ils aient la possibilité de manger sain, sans pollutions de toutes sortes, radioactives comprises.

La vraie question ce n'est pas de savoir si on est pour ou contre le nucléaire, mais c'est que certains savants pensent détenir la vérité comme s'ils étaient

Dieu en personne, ces gens-là fichent les pétoches. Ces savants ne regardent qu'en avant, jamais en arrière, ne retirent pas la moisson de ce que les ancêtres nous ont appris.

Alors voilà, je suis reparti content d'avoir fait cette visite. La politique et l'usine, c'est main dans la main. Les inconvénients, j'en vois beaucoup au sujet du paysage et d'un possible accident, mais sans l'usine, des inconvénients, on en aurait eu quand même, ce lieu était maudit depuis toujours, nous, les vieux, on se souvient.

Je suis un homme contraire à l'usine nucléaire près de laquelle j'habite, je cohabite. Deux mondes complètement différents, ça peut fonctionner, la preuve ! Faut pas oublier une chose, c'est que j'étais là avant elle, c'est elle qui est venue après moi et moi je suis resté, elle ne m'a pas changé, elle ne me changera pas.

Ensuite, t'as l'argent facile en travaillant à « Coge » (Areva), et t'as l'autre argent en restant à la terre, tu as donc deux sortes d'argent, mais au fond tu le bouffes pareil.

La retraite

Avant, tu avais mal tout le temps, tu te couchais et au matin ton corps tout frais reprenait la cadence. Quand tu arrêtes l'exploitation, tu prends des grandes vacances, avec les choses obligatoires j'entends, tu perds le rythme et c'est là que tu la sens, la terre dans ta bêche. Elle pèse ton temps et elle te dit des trucs que t'as pas forcément envie d'entendre, qu'un jour un gars fera comme tu fais pour tes patates, seulement les patates ce sera toi !

Mais tu continues à la soulever même si ça tire à la ceinture, car tant que c'est toi qui la remues, la terre, c'est pas elle qui te remue. Quand tu arrêtes, tu te rends compte comme le métier t'a pris tout entier, dans ton entier, tes jours, tes heures et tes nuits, tu lui appartenais complètement. Et le pire c'est que j'étais content et que je le suis tout autant. Les sœurs pareillement, ça leur a plu, cette vie-là.

J'espère qu'elles recevront elles aussi la médaille agricole, elles la méritent tellement.

Je l'ai reçue et je leur ai dédiée.

Il a quand même fallu que je dépende des gratte-papier pour la recevoir ! Ceux-là je les remercie.

J'avais pas envie de retraite, je n'y pensais pas, je l'ai prise il y a des années déjà mais toujours je continuais à donner un coup de main, les sœurs ont été nommées exploitantes pendant quinze ans. Je ne pensais pas à la vie tranquille, elle ne m'inspirait pas, et ne m'inspire pas encore.

Ce n'est pas une histoire d'argent, on aurait pu me donner plus pour que j'arrête, ça n'aurait rien changé. Ça n'a pas de prix tellement j'aime mon boulot, voir « pousser les salades et ce qu'on mange », comme le décrit Françoise. Regarder pousser ce qu'on mange et choisir ce qu'on mange ! Arrêter pour être tranquille, mais tranquille de quoi ?

J'ai pas pensé cette retraite et c'est arrivé quand même, j'ai pas pensé à vieillir et ça arrive quand même, j'ai pas pensé que mes amis et des personnes si chères allaient mourir et c'est arrivé. Je dois refaire mes volets, j'en ai un de prêt, le bois, dans mon atelier de bois, ça te prend du temps et du grand silence. Quand tu t'y mets t'as plus faim, t'as pas mal, t'as pas de fatigue. Tu fabriques ton volet ou ta barrière, petit à petit, ça parle pas, non, mais ça te console.

Autrefois, le menuisier passait avec sa chariote à bras et apportait la boîte des morts en traversant le village, on le suivait du regard pour savoir qui venait d'y passer.

Alors quand je me transforme en menuisier, je me souris à moi-même, cette fois c'est pas encore mes quatre planches que je prépare, mais ça va pas tarder, jusqu'au bout j'aurai fait des économies. Combien de types ont fabriqué leur cercueil en prévision du grand départ ? Beaucoup en tout cas, t'en as même qui couchaient dedans quand ça bombardait pendant la guerre !

Ça viendra peut-être, j'irai chercher comme toujours du bois au rivage, à gravage comme on dit ici, du bois gratuit mais de sueur quand même parce qu'il faut le remonter. Pour alimenter ma passion, j'en ai remonté, du bois de la grève, y en avait jamais de trop. Souvent même je cachais mon butin dans les landes, pour être tranquille des domaines et de leurs procès, ils te poursuivaient avec leurs contrôles. Le bois séchait durant des mois. Qu'il sèche caché sous la fougère ou dans mon *gardin* (jardin), ça ne changeait rien. Les bateaux dans le raz chaviraient, l'équipage coupait alors un bout de chargement et le navire se redressait, j'observais ça de loin. Remis droit le bateau filait et le lendemain je savais où trouver le bois passé par-dessus bord.

En juillet 2008, je répare ma pompe à eau (manuelle), je me suis transformé en cardiologue avec elle. Je l'ai démontée, je vais la réparer avec du cuir de réemploi, je coupe dans les attelages. Mes coronaires se sont bouchées, pour la pompe c'est tout pareil, ses soupapes déraillent. La chopine, son chapeau, attend sur l'établi. Le piston également, je l'avais réparé en en taillant un avec de l'épine dure. Je vais trouver un autre moyen.

Guste s'inquiète, car elle a notre âge, la mémère, j'espère qu'elle va rester debout. Le chapeau à son arrivée était muni d'une aiguille, un peu comme un casque d'Allemand. Et justement, un jour, en y posant une grosse citerne, les Boches l'avaient cassé pendant la guerre. Nous n'avions jamais retrouvé la pointe de la chopine.

Cet été, j'ai retrouvé la pointe cassée d'il y a soixante-cinq ans dans la cour. C'est un signe, notre pompe va rester debout. Si elle a résisté aux Boches, elle résistera à l'usure. Comme ma pompe je ne me voyais pas arriver à cet âge, le grain doit mourir pour rapporter le fruit. Quand je mourrai on dira « c'était sa vie », il a bien fait, d'autres diront que j'ai mal fait.

Des gens sérieux

En septembre 2008, je me suis échappé à la basse iâo, pour le plaisir comme toujours. Je retournais les rochers depuis un bon moment en attendant que mon casier soit vidé d'eau. L'hiver, entre deux roches, j'amarre à deux grosses pierres un casier. Afin qu'il se trouve coincé, je le cale avec des galets à r'hôtaot. Chaque jour de marée, je viens le relever. Je venais de ramasser deux petits cllopoings de deux-trois centimètres et trois étrilles. Le dos tourné à la mer, j'attendais donc que mon casier ait moins d'eau dessus en tournant quelques cailloux. Soudain j'entends derrière moi :

— Affaires maritimes, montrez-nous ce que vous avez dans votre panier, monsieur.

Je me retourne, tellement surpris de voir ces deux jeunes hommes :

— Il manquait plus que ça ! Qu'est-ce qui vous faut ? Et d'abord, j'ai pas de panier j'ai une hotte !

— Et ça, ces deux petits dormeurs, c'est peut-être pour manger ?

— Non, mais j'allais quand même pas mettre des gros dormeurs de quatorze centimètres pour beiter mes hameçons de deux centimètres, le poisson pourrait pas ouvrir la gueule.

— Vos crabes ne sont pas de taille.

Je ne voulais pas dire que c'était pour beiter mon casier, heureusement dans ma hotte j'avais comme toujours trois hameçons.

— Aujourd'hui c'est gratuit, mais la prochaine fois ce sera le tribunal, c'est un crime de pêcher des tourteaux aussi petits. J'espère que vous vous en rendez compte ?

— Ben comme ça je serai condamné à perpétuité, je viendrai plus, c'est quand même pas les petits comme nous qui détruisons. Et pour les sagans, qu'est-ce qu'on fait ?

— Rien, si c'est les étrilles que vous appelez des sagans, y a pas de taille pour elles.

J'ai pensé à cet instant que jamais rien n'était vraiment gratuit avec le fric de maintenant. C'est rien à penser mais quand tu y regardes de plus près, qu'est-ce que tu ne vois plus sur les pièces de monnaie ? Les jeunes, vous ne vous rappelez pas, mais nous les vieux, quand on avait de l'argent dans la poche avant l'euro, les trois mots « égalité, liberté, fraternité » étaient gravés dessus.

Tout ça c'est fini.

Voilà ce qu'on a perdu avec l'Europe, pas l'Europe de la Paix, il faut être pour, mais l'Europe des lois et des papiers.

J'essayais de gagner du temps car l'autre type s'approchait de mon casier :

— Pourtant, j'ai lu qu'elles doivent faire six centimètres et demi.

— Non, y a pas de taille.

J'ai renversé ma hotte dans l'eau et pensant qu'ils en auraient fini avec moi, j'ai tenté un :

— Puisque c'est comme ça, je m'en vais défouir mes patates !

Seulement voilà, le gendarme maritime qui ne parlait pas avait repéré mon casier, il essayait de le faire sortir de son trou. Il en bavait dur, il tirait comme un âne. Je ne rigolais pas, je me disais : la douche (facture) va arriver. Il a fini par couper les amarres et l'a posé sur le rocher. J'essayais de ne pas regarder ce qui se passait. Tentant d'attraper les deux étrilles prisonnières à l'intérieur et qui s'agrippaient au grillage, il perdait patience, le retournait, le secouait la tête en bas. Il devenait rouge comme un *pîcot* (mâle de la dinde). J'ai ramené ma gouole quand même :

— C'est pas par le *tchu* (cul) qu'on sort les sagans, c'est par la gouole !

Il ne m'écoutait pas et a commencé à taillader mon casier, tout du long. Un casier que j'avais fabriqué moi-même, mais quand même. Je n'ai pas d'autorisation et j'aurais eu une sacrée amende. L'autorisation, tu dois la demander du 1er au 31 octobre chaque année avec un numéro de bateau. Va-t'en expliquer que ton casier tu le poses sans bateau depuis soixante-dix ans ! Et quand il en a eu fini de le bousiller, d'un ton neutre il a interpellé son collègue :

— Celui-là, on va le compter comme épave.

Ils ont finalement dû penser qu'il n'était pas à moi, parce que l'autre qui avait sorti ses papillons, ses feuilles pour les amendes, a rangé son carnet. J'ai quand même eu un regret. Ça m'a fait quelque chose de ne pouvoir sauver mon casier. Ils ont discuté ensemble :

— Bon, on va aller voir le deuxième.

Nous allions être deux à être vérifiés je me suis dit. Et comme je voulais détendre l'atmosphère, j'ai cueilli une grosse fllie, jaune à cul jaune (on ne la bouffe pas celle-là).

— Et celle-là, est-t'y de taille ?

— Pour les patelles y a pas de taille !

— Si y a pas de taille, je peux vous dire que cela fait soixante-dix ans que je viens là, j'ai jamais vécu une aussi grosse connerie !

Ils m'ont tourné le dos à leur tour et j'ai laissé mon casier. J'suis parti à mes patates, furieux, avec le sentiment d'avoir été dénoncé, parce que là où je vais personne ne peut me voir de la côte et qu'ils ne m'ont pas même demandé mon nom, remarque, je ne leur ai pas demandé le leur non plus !

Le lendemain, mon casier était parti à la mer, comme ordure, ça ne les dérange pas de polluer la mer, plutôt que de les ramasser et de les redistribuer. Il paraît qu'ils en ont un hangar plein et que c'est pour ça qu'ils les laissent sur place après les avoir rendus inutilisables. Ces gens sérieux (les flics maritimes) m'ont démoli mon casier, comme si j'étais un malfaiteur.

En arriver là, priver un gars de son petit plaisir de pêche à pied, de pêche qu'il pratique comme les pêcheurs d'il y a des siècles. Lui faire l'affront de détruire son bien devant ses yeux, et même si ça avait été à un copain, ça m'aurait fait le même effet. C'est honteux, oui honteux, parce qu'il y a pire selon moi comme crime, encore une liberté de perdue et petit à petit, pour les petits justement, y aura plus de place nulle part. Je ne sais pas s'ils se sont rendu compte de l'offense qu'ils faisaient au vieux machin que je suis.

De cette aventure j'ai gardé une petite amertume de leurs combines. Et les pièces d'euro je ne peux plus les voir.

Parce que tout le monde le sait, pourquoi la faune a été détruite ici, c'est pas le réchauffement, c'est notre fosse où se reproduisaient les poissons qui a été pompée par les gros bateaux, les monstres. C'est aussi le chimiquier qui a été coulé volontairement dans la fosse des Casquets et qui nous a empoisonné l'atmosphère durant des mois.

Un jour, on n'aura pas même un petit bout de roqui pour se foutre le cul dessus sans qu'on soit surveillés.

Je n'ai plus de casiers, c'était mon dernier et pas le courage d'en fabriquer et d'aller en poser un de nouveau. Je ne demanderai jamais la permission, jamais. De toute manière on m'a dit que c'était à la tête du client, que pour ça aussi il te faut du piston, comme pour tout. Je ne veux pas qu'on sache où je suis et qui je suis quand je suis à la pêche, au fond de la basse iâo. Là où sur une étendue immense et durant soixante-dix années j'ai senti l'indépendance et la solitude sereine, je ressens comme une agression, une incompréhension. Si j'en remettais et qu'ils lisent le livre, ils se diraient :

— Ah, le salaud, faut pas qu'il joue trop, la prochaine fois c'est la cabane !

Seulement voilà, pendant des mois j'ai arpenté mes côtes, j'y ai passé du temps, mais mon casier, je l'ai retrouvé à la marée de décembre. À cinq cents mètres de l'endroit où avait eu lieu leur crime trois mois plus tôt.

Va falloir que je fasse un choix, le remettre ou non ?

Allez, Paul ! *Cache, cache ! Faut renounchi*[1]. Pousse-toi de là, le vieux, à promener tous tes ancêtres, y a plus de place pour toi à Goury.

---

1. Va ! Va ! Faut renoncer.

Clac

À mon âge on a peur de rien, la vie sur terre nous tourmente, la vie en Dieu sera. Si je meurs d'un coup ça fera des économies à tout le monde, surtout à la Sécu. Le jour de mon enterrement je ne souhaite pas embêter les autres, je voudrais mourir comme ça, clac ! d'un petit coup sec, comme une barrière qui se referme brutale sur le vent. « Clac terminé » comme le ding d'un anneau sur une étable.

On dit d'un vieux singe « vivement qu'il soit foutu », on dit également d'un brave type, « c'était le bon gars mais il y en aura d'autres ». Pour moi, je ne me fais pas d'illusion, ce sera pareil. Vieux singe pour certains, brave type pour d'autres.

J'ai toujours espoir de la vie, en quelque sorte la mort n'existerait pas. Je connais pourtant ma destinée, mais là, à soixante-dix-neuf ans, je me prends à rêver à ne jamais connaître ce moment pénible, pénible pour ceux au départ comme ceux restant sur le quai. Faut partir, mais je m'inquiète pour mes sœurs. On est rien finalement. On doit prendre soin de nous, rester le phare de nous-même.

Je ne vois plus la vie comme il y a vingt ans, à cette époque en rang d'âge par rapport aux annonces du journal, j'avais encore du temps. Avant j'osais un « celui-là c'était son tour ». Maintenant j'ai beau regarder les âges en lisant le journal à la page des morts, souvent c'est le mien. Je vais un de ces jours préparer mon programme pour ma messe, ça fera des tracasseries en moins pour mon remplaçant, parce que ça fait des décennies que c'est moi qui enterre dans ma commune comme sacristain.

Je suis un passeur, un jour je ne serai plus là pour répondre au téléphone et quelqu'un d'autre sonnera mes cloches. En attendant, quand on me parle de la mort je réplique :

— Mais je n'ai pas le temps d'être autre part, j'ai à faire, j'ai donc pas le temps de mourir.

De plus les cloches d'Auderville en 2009 sont en panne, on va devoir attendre des mois avant de les entendre de nouveau. Raison de plus, Paul, pour ne pas mourir ! Je t'ai montré comment faire, pour qu'à mon mariage si j'ai du pot, ou pour mon entrée au ciel si j'ai moins de pot, c'est toi qui les sonnes pour moi ! Cela fait soixante-cinq ans que je suis sacristain à Auderville, va falloir qu'on me trouve un remplaçant.

Question mariage, j' te signale tout de suite, j'ai bien reçu une lettre d'amour dans mes milliers de lettres, la gentille dame a 96 ans, certainement un an de plus maintenant, mais là pas d'accord, je suis un petiot pour elle, à 79 ans.

La vie empêche de comprendre le mystère, quand t'es fichu tu le découvres. Mais pour moi, chrétien, comme pour tout le monde, ça reste une énigme. Quand tu es adolescent pendant la guerre, ta fin peut te tomber dessus à n'importe quel moment, tu entends les bombes mais tu n'y penses pas, tu n'es pas encore trop accroché à la vie. Et puis quand t'es persécuté par des militaires, la guerre détruit tout, même le sentiment humain, avec la terre qu'ils te prennent pour installer leurs bardas pour tuer. Pendant la guerre, la mort, t'en as conscience mais tu fais avec. Après, tu donnes un sens à ta vie.

Si longtemps j'ai pensé que ma vie n'avait servi à rien. Tant de gens, puisque je refusais un certain progrès, me considéraient comme un innochent, un idiot quoi, j'y ai cru par moments. Mais je n'ai pas cédé, à part pour le blé et une année d'engrais.

Je me disais à ces moments-là que la mort arriverait et que peut-être il y avait un sens à ma venue mais pour plus tard, dans une autre vie. J'y voyais pas grand-chose d'autre, seulement j'étais heureux avec ma famille et mes sœurs, vraiment très heureux, ça, personne n'aurait pu me reprendre ça. Monter sur le tracteur, entendre les mouettes, prier aussi, me nourrir de bonnes choses, rencontrer du monde à la saison. Mes petits bonheurs te paraîtront futiles, mais quand tu te retrouves à travailler tes barrières, à sentir le bois, à bouger ton corps pour semer ou faire des objets qui servent, tu en retires une satisfaction. Une grande satisfaction. Tu te plonges dans tes pensées dans du vide plein. Ce sont des moments bien agréables.

Toutefois, je me pose la question de « pourquoi mourir ? ». On aurait pu vivre et voilà !

C'est qu'il y a quelque chose de Dieu là-dedans, sinon on ne mourrait pas. Mais aimer Dieu, se rendre compte qu'au-dessus du ciel t'as quelque chose, ce n'est pas avoir envie de mourir, faudrait être con. On resterait dans la vie terrestre. Vivre avec Dieu c'est commencer sur terre à préparer tes bagages, tu accueilles l'étranger, tu souris à la petite vieille même quand tu es un jeune gars, tu rends service, tu penses à toi, mais tu penses aux autres dans tes prières ou en actes. Si tu reçois une sorte d'intelligence, tu peux choisir, réfléchir au bien et au mal. Ça, tout le monde reçoit ça.

Tu souffres moins parce qu'en fait la souffrance c'est le pire. Mais tu as souffrance et souffrance, la souffrance en maladie tu peux lutter contre, mais contre les guerres tu ne peux rien, un seul homme peut te tuer tout le bon de l'homme, et cet homme te fabrique des petits et sème le malheur et les férocités.

Contre les barbares tu ne peux rien, ça n'a rien à voir avec les animaux qui tuent pour manger ou pour se défendre parce qu'on leur a pris leurs petits, ça n'a rien à voir et l'histoire s'écrit ainsi. Avec des gens comme ça, je me sens un pauvre type, un enfant sans défenses, comme pendant la guerre où à chaque bombardement je me demandais : mais à quoi bon ?

C'est dans la simplicité d'une vie réussie qu'on peut lutter, mais encore faut-il avoir eu la chance d'avoir choisi sa vie comme je l'ai fait. On dira peut-être que ce n'est pas vrai, que je n'ai rien choisi, que j'ai subi, que j'ai sacrifié ma vie privée pour la ferme par devoir envers les ancêtres, pourtant je suis libre. C'est pas rien, la liberté, quand on a vécu l'envahissement, quand tu te dis qu'il faudra marcher la tête courbée, et que nos pères ne peuvent rien.

Quand tu peux redresser la tête avec simplicité, tu marches sur tes terres et sur un paysage. Tu n'as pas conscience de sa beauté, c'est là maintenant, j'en prends conscience, là où elle me manque, c'est uni, uni à moi, y a pas d'air aux autres endroits.

Comme Dieu et moi, Dieu et les pêcheurs ?

Quand je quitte mon village je respire moins. Et le raz Blanchard me manque, ça ne gronde plus, je suis comme maman quand elle n'entendait plus son horloge, la « vieille horloge ». Ce qui est beau est simple, très simple, rien n'est ajouté, c'est resté tel quel ou alors ça a été fabriqué simplement, par invention, réflexion. L'histoire c'est pour moi, l'histoire de ma famille, de mon tracteur, de mes champs, de mes grains sélectionnés et dont j'ai hérité.

C'est pas un gros magot ça, mais c'est ma richesse. Des grains robustes qui n'ont pas besoin de traitements pour survivre, qui ne m'empoisonnent pas quand ils passent de la poule aux œufs de mon matin. L'œuf que j'avale le matin avec un peu de pain, c'est toute ma vie de paysan.

Pas le temps de mourir

« J'ai enlevé beaucoup de choses inutiles de ma vie et Dieu s'est approché pour voir ce qui se passait. »

Christian Bobin

Je suis allé très peu à l'école, Françoise ma sœur exprime ce que l'on pouvait ressentir : « L'école, ça t'empêchait la nature. » Surtout lors des grandes marées, lorsque la basse iâo nous repoussait et qu'on aurait voulu y rester des jours entiers. Je n'ai pas d'instruction, j'ai appris par moi-même et des ancêtres, ceux-là mêmes qui n'étaient plus là depuis des décennies.

C'était pas mieux avant, non, toutefois je ne pourrais pas travailler comme aujourd'hui. Les gens s'éloignent de la terre, une poignée de terre ça vit, faut pas tuer la base, c'est pas de la nostalgie. Le travail n'était pas plus dur, on ne travaillait pas du chapeau comme aujourd'hui, la paperasse et tout ce qui s'ensuit. Le corps travaillait, le temps nous guidait, il fallait accepter, il n'y avait pas de date, ce qui est différent maintenant. J'avais soixante-douze pièces de terres éparpillées dans le village ! Et pour moi ça faisait qu'une. Le sillon nous prenait, suivant comme était la terre. Là, les jeunes agriculteurs ne sont plus libres, embrigadés qu'ils sont par les papiers et les primes. On avait le temps de s'émerveiller, à genoux tu sarclais tes betteraves, elles se fanaient en pleine pousse, elles attendaient de l'eau pour le demain, maintenant un coup d'arrosoir et hop ! tu rentres chez toi, mais t'as rien vu, parce qu'on ne t'a pas appris.

Je ne me lasse pas de toutes ces visites, j'aime être partout, parler de la vie des petits.

J'ai pas le temps de mourir, c'est ni une envie, ni une possibilité, mais une évidence, un jour je ne serai plus là pour parler de la terre des ancêtres, celle des premiers des laboureurs, les gens, mes visiteurs, prendront à leur manière la relève.

Ils tenteront de mettre du Paul dans leur vie.

À mon enterrement, mon programme du jour sera simple, des chants de louange, y aura un prêtre dans la mesure du possible, je n'obligerai pas un prêtre à venir. Si y en a plus c'est pas grave, faut vivre avec son temps, la personne laïque qui dira mes dernières prières sera la bienvenue. Je ne suis pas exigeant mais je ne veux pas qu'on jette ma dépouille comme on ferait pour un chien. Ni qu'on me crame, j'ai jamais aimé la chaleur. Si possible, si on pouvait faire un trou dans mon jardin pour m'y mettre, je serais le plus heureux des hommes. *Qu'on m'entâopine d'aveu mon tracteur*[1], comme ça nous partirions ensemble.

Une croix m'accompagnera, une petite croix blanche en bois simple travaillée de mes mains et je peux affirmer que ce ne sera pas pour faire comme tout le monde. C'est parce que j'aurai porté ma croix toute ma vie sur mon dos sans trop ronchonner.

J'ai choisi une vie qui dure plutôt qu'une vie qui *druge* (dissolue).

Cette croix, je l'ai portée avec celui qui m'accompagne depuis ma naissance et surtout depuis ma communion d'avec lui, ma première rencontre avec lui. Celui qui me déposera pieusement en terre aura le respect non pas de moi, moi je suis rien, mais pour celui qui m'habite. Je voudrais aussi qu'on prie pour ceux qui n'ont pas la foi, ceux-là sont à aider plus que les autres. Lors des enterrements civils, j'ai pu remarquer la douleur terrible des familles, ils n'ont pas d'endroit où emmener leur douleur et ils la gardent pour eux. Ils ne peuvent même pas en vouloir au bon Dieu.

En tout cas, dans la vie on arrive dépouillé et on repart pareil. On a tiré de ma peau, mais on n'a pas tout eu. Ça ne sert pas à grand-chose de se parer de richesse, enfin chacun fait comme il peut pour se donner de l'espérance. Les choses qu'on fait pour la

1. Qu'on m'enterre avec mon tracteur.

terre et pour les autres m'ont toujours semblé plus importantes.

À ma messe, ceux qui viendront ne devront pas venir pour compter les gerbes de fleurs et en déduire combien j'étais aimé. Ils devront non pas prier pour moi mais prier pour eux, et eux seuls. Je serai encore un peu là pour les accompagner, s'ils font appel à moi. Faudra pas venir pour boire le coup de café après, je veux dire, pour se montrer. Il y aura quelques fleurs sur l'autel pour honorer mon compagnon de toujours, notre Dieu à tous, et Marie notre mère à tous, mais pas d'autres fleurs et rien d'autre, pas de plaques, rien. Et pas de tombeau, de caillou trop lourd sur mon dos, j'ai assez porté, et je préfère laisser un peu d'argent pour ceux qui restent, à mes sœurs surtout. Des cailloux et quelques pots de fleurs, ce sera suffisant.

Et tu sonneras les cloches comme je t'ai montré. Je ne voudrais surtout pas avoir plus de chichis pour avoir eu la médaille du mérite agricole ou pour avoir vu Nicolas à l'Élysée. Remarque, tout était gratuit ce jour-là, mais c'est toi, c'est vous qui avez payé ! Je ne peux pas me plaindre.

Ma descendance, ce sont les gens qui viennent me dire merci, c'est une grande satisfaction, pas une fierté. Il y en a qui viennent pour voir si je donne réellement les vrelins aux sœurs, si je suis un tyran domestique, mais on en rit plus qu'on ne s'en préoccupe. Dans une famille tout se partage, même les soucis. Le homard, je te rassure, il est partagé à la maison et quand Paul ne range pas ses petites affaires, et qu'il ne plie pas sa serviette, il se fait engueuler par les femmes comme partout.

La fierté tu l'emmènes avec toi dans le trou, la satisfaction tu l'emmènes avec toi partout dans ta vie. C'est pas le bonheur qu'on cherche selon moi, mais la vérité, faut pas croire, ce qu'on cherche c'est de savoir si y a quelque chose derrière tout ça, y a finalement que la vérité qui nous tracasse. Dans la jalousie comme pour le reste tu penses qu'à ça.

Être sacristain dans mon église, ça m'aide dans mon travail : en montant le long sillon, le bruit du tracteur me fait lever les yeux vers celui qui est là auprès de moi, que je ne vois pas mais que je ressens dans ma nature.

Avec Dieu j'suis borné.

Et même sur mon tracteur j'ai une pensée pour les gens qui souffrent. L'amour des autres c'est important, pour moi je n'ai pas d'ennemis, pourtant j'ai choisi de vivre seul avec mes sœurs, mes projets je les ai abandonnés et par amour j'ai pris les mains de mon père et j'ai coupé ma vie personnelle pour prendre sa suite et continuer son œuvre commencée. C'était pas tout à fait voulu mais choisi, si.

Je pourrais encore te raconter les oiseaux de mer qui reculent à la force du vent, qui se figent devant toi comme une photo en attendant que le vent se calme. Mais viens donc les voir, les corbeaux tellement secoués par les coups d'air d'ici que leurs ailes finissent par ressembler à des doigts.

Je t'ai expliqué mon bonheur à avoir connu cette agriculture, tu peux me traiter de « vieux machin ». Car c'est vrai, j'encourage personne à vivre cette terre-là, je serais juste content qu'ici des jeunes continuent à cultiver les cailloux. Mes cailloux.

On a déjà perdu notre patois, notre langue qui disait notre terre, notre coin, notre village même, car certains mots ne venaient pas dans certains villages et d'autres existaient. On était séparés comme dans nos petits champs avec nos petites manières, nos trucs à nous, et pourtant quand on se retrouvait le patois valait des ponts d'or. Parce qu'il marquait notre appartenance à ici, à l'endroit, par rapport aux gens venus d'ailleurs, aux politiques, aux regards de traviole qu'on supportait plus ou moins, en fonction des circonstances.

Le petit Paul dans sa vie il menait sa petite affaire sans qu'on vienne l'embêter, alors c'est aussi pour ça que je ne viendrai pas donner des leçons aux autres, parce que j'ai pas aimé quand on me traitait d'arriéré.

Je ne voudrais pas qu'on m'accuse de demander à d'autres de faire comme j'ai fait. Ce que j'ai vécu je l'ai vécu dans ma vérité et ma liberté. Depuis longtemps j'avais comme l'idée de ne pas me croire et depuis quelque temps je me crois, et ça c'est grâce à vous tous, lecteurs et spectateurs.

Depuis toujours, je suis heureux avec rien, avec rien de ce qui s'achète mais aussi avec rien de ce qui se voit, je suis heureux dans ma vie qu'on m'a donnée.

Les phrases de Paul

« Ce qui m'est arrivé, c'est des trucs qui n'arrivent qu'aux vivants. »

Je suis né à la ferme, dans l'agriculture.

Quand je sonnais les cloches à bras, c'était long tout seul au bout d'une corde.

Le pulvérisateur (ou désherbant de la voisaine) : le chien de la voisine.

Vaut mieux être un nigaud vivant qu'un nigaud mort.

Les larmes, c'est quand on regrette, que l'on se sent coupable.

Je ne sais pas si ça vaut le coup de réparer une vieille bagnole en fin de course comme moi.

Une pendule à piles, ça vit, ça d'accord, mais « ça vit mort ».

Autrefois un jour comptait un jour, pas plus pas moins.

Quand t'as plus mal aux dents, t'es mort.

L'année a du retard aujourd'hui.

L'heure inventée te fout la brouille.

La brume change la terre.

Les vents bons pour la terre ne sont pas bons pour la mer.

La marée parfois s'enfume, elle n'a pas de tirage.

Le raz Blanchard, ça semble intelligent.

Je suis pêcheur à pied, pas de ceux qui ont goût des bateaux.

Les moussettes (crabes) ont le goût très prononcé du fond de l'eau.

La poignée d'herbe c'est ma poignée de varech.

Je sens mes cailloux.

Un homard, c'est poli, ça te serre la pince, ça te fait des poignées de main.

Je préfère les homards mâles, ils possèdent des plus grosses pattes et dans le homard j'aime bien les pattes.

Paul est tout de bricole.

Chez nous, on mange la mer et on mange la terre.

Le Couenne Marie : le Queen Mary.

L'argent, c'est pas de quoi qu'on cause facilement.

Quand le phare de Goury braille, c'est qu'il ne voit plus, il est perdu.

Dans le poisson j'aime bien sucer les yeux.

La neige c'est un emmerdement de plus pour un paysan.

Les produits conservateurs pourrissent les aliments.

Depuis longtemps j'ai comme l'idée de ne pas me croire.

Quand le vent est d'amont passé nord donc, il ferme la gueule aux poissons, ils ne mordent pas.

Je suis parfois ancré au fond de la mer.

Le fric d'aujourd'hui n'est pas naturel.

La nuit, quand tu vas tendre à la lune, tu marches à côté de tes pas.

Ça semble rien mais tout ça, manger la mer, ça s'apprend en une vie.

Le silence a toujours de la liberté en lui.

Chez moi c'est un tout fait de mes mains.

Mon lait avait le goût du goût.

Le fumier, tu sais qu'il est bon tellement il sent bon sur tes mains, tu en mangerais mais personne ne viendra te le voler, c'est pratique.

Le fumier de silo ne mange pas d'herbe.

On va finir au beurre de laiterie.

J'arrive à échéance.

Faut savoir de quelle poussière on est fait pour bien se nourrir et cultiver la terre.

Les foins, quand on les a finis, on se couche.

Le beau temps, pour un paysan, c'est le mauvais temps.

Mes vaches sont jolies car elles mangent des fleurs.

Quand on voit les îles devant la maison c'est qu'il va pleuvoir, quand on les voit plus alors là…

On ne se connaît pas comme on est vraiment.

Pour connaître quelqu'un un peu il faut une vie.

Le homard, j'en ferais bien mon ordinaire tous les jours s'il m'en tombait un dans mon assiette, j'y ferais pas la grimace.

Tu remues la terre suivant la terre, comme pour le caractère de tes bêtes, tu fais en fonction d'elles, tu fais pareil avec ta bonne femme ou ton bonhomme ou tes petiots, faut pas être trop raide de caractère, sinon t'es plus dans le coup, à contre-courant t'avances à rien.

Longtemps je suis resté en moi seul, je ne me connaissais pas, alors les premières fois où j'ai vu mon film au cinéma j'ai pleuré, j'ai pleuré de mes souvenirs et de ma belle vie. Pas de tristesse, surtout pas, mais d'une vie d'être heureux avec rien.

Ma descendance ce sont les gens qui viennent me dire merci, c'est une grande satisfaction, pas une fierté.

Ta fierté tu l'emmènes avec toi dans le trou, la satisfaction tu l'emmènes avec toi partout dans ta vie.

Quand quelqu'un te parle patois avec l'accent, tu rentres dans la Manche.

Le fumier de silo ça cocotte, ça mange pas d'herbe.

Avant il y avait le nez de Jobourg connu de beaucoup de gens, maintenant y a le nez d'Auderville (des Bedel).

L'usine de la Hague aurait été aussi bien sur la plage de Deauville au fond...

Y a moins d'oiseaux depuis l'usine, les lumières ça les rend fous comme des poulets en batterie, ils se croient le jour, au fond y a pas que les poulets que ça rend fous les usines, la lumière, comme l'or ça égalue (aveugle, éblouit), ça te fiche la berlue.

Au moment où j'ai pris ma retraite, je pensais que ma vie n'avait servi à rien, que personne, plus jamais personne ne se souviendrait de la culture naturelle.

Chez nous, dans la Hague, les jours de tempête, ça sent pas le moisi.

Quand je suis loin de la Hague je respire mal, y a plus de vent, je manque d'air.

La nature a appris à pousser comme il faut, elle s'en sortira toute seule, mais faudra quand même pas pousser !

Si tu abîmes une poignée de terre, c'est comme une cicatrice, tu t'en sors mais ça prend des années pour réparer.

Les petits vieux : les gens de mon âge.

Le film (Paul dans sa vie) *: c'est mon travail dans ma vie.*

Mon livre (Paul dans les pas du père) *: c'est ma vie dans mon travail.*

Mon livre, c'est ma vie depuis que je me connais.

Mon film, c'est ma vie depuis que l'on me connaît.

Beaucoup de monde me dit qu'il me connaît, mais moi je ne connais personne !

Les grandes vacances : la retraite.

La terre pèse lourd : vieillir, ça t'arrive d'un coup, tu t'y attends pas, quand tu bêches tu sens ton corps et ça te fait penser.

RTO : Retraite Très Occupée.

Ça mijote : les jardins mijotent lorsque, comme l'été 2008, le temps est pourtant humide mais que les jardins ne sont pas arrosés comme il faut à cause des mauvais vents, ça mijote, ça ne pousse pas.

Le fond de la raison : fond de la pensée.

Vachère ou bétaillère : un camping-car.

Les mains de paysans passent leur temps à se salir.

On est heureux dans les choses les plus simples.

Paul est un drôle d'engin.

Une journée de plaisir : une journée de pêche.

J'suis pas empaturé : marié.

Le non de Paul c'est souvent oui.

Le oui de Paul c'est pas toujours oui.

Y a qu'aux vivants qu'il arrive quelque chose.

J'aime bien lire maintenant car j'entends moins bien.

Tu t'emballes, c'est pour cela que tu passes par-dessus les mots.

On pense, nous les paysans, mais on ne réfléchit pas, ce sont les pauvres écrivains, et je les plains, qui réfléchissent.

J'ai moins d'observation depuis que je ne suis plus au tchu (cul) des vaches.

Du tout de Paul.

J'aime les sincères.

Ils ont tiré de ma peau, mais ils n'ont pas eu tout.

Si un jour je meurs d'un coup ça fera des économies à tout le monde, surtout à la Sécu.

Mon beurre vient de mon herbe qui n'a rien mangé.

Un bout de craoute : un bout de pain avec du lard.

Les poules sont pas plus bêtes que les hommes.

Les tripes, ça c'est pas du homard !

À l'Élysée, quand j'y suis allé, c'était gratuit, mais c'est vous qui avez payé.

Dans mon film, il y a tromperie sur le film, il fait trop beau temps, c'est pas un temps pour les champs, le soleil dans la Hague, c'est du mauvais temps pour moi.

J'suis resté à la traîne du progrès, ça pesait lourd parfois.

La vie est tourmentée aujourd'hui.

C'est pas tes hectares qui font ta richesse, mais le nombre de kilos de vers de terre que t'as dedans.

C'est pas le bonheur que l'on cherche, mais la vérité. Faut pas croire, ce que l'on cherche c'est de savoir si y a quelque chose derrière tout ça, y a finalement que cela qui nous tracasse. Dans la jalousie comme pour le reste, tu penses qu'à ça, à la vérité.

Un grain naturel sous la dent ça ramollit comme un bonbon ; un grain de l'INRA ça te casse une dent !

C'était une vie de travail, pas de regards autrefois pour moi.

Pour connaître quelqu'un même un peu, il faut une vie.

Je suis heureux avec rien, avec rien de ce qui s'achète mais aussi avec rien de ce qui se voit, je suis heureux dans ma vie qu'on m'a donnée.

La nuit, quand je dors, je ferme mes oreilles.

Nourrir une vache ça doit rien coûter.

Il pleut de la mer par ichin *(ici).*

Avec Dieu j'suis borné.

En visitant le phare de Goury, j'ai pris l'impression de la terre.

Ce qui vient des tranchées de la guerre de 14-18, on ne nous a pas raconté pourtant, mais je pense que c'est un cri d'amour. Et de l'amour comme de la haine, mon père n'en parlait pas.

J'ai dételé (pris ma retraite).

Je serais juste content qu'ici des jeunes continuent à cultiver les cailloux.

Tu te dis que je suis fin ? Que je suis un pauvre con ? Alors j'suis bien content.

Les moussettes, tu leur suces les pattes, ça passe le temps à table et ça fortifie ton dentier.

Le sens du caillou, par contre, ça s'invente pas, tu l'as ou tu l'as pas, ça s'apprend pas dans les écoles, ça te remue dans le corps, tu sais quand tu le tiens : le mur te vient.

Dans ton atelier, tu fabriques ton volet ou ta barrière, petit à petit, ça parle pas, non, mais ça te console.

À relire mon manuscrit Testament d'un paysan, *ça me fait bien des coups éclater de rire dans mon assiette.*

Les vaches de Paul

Les vaches Bedel ont toutes reçu un nom pour les papiers et un autre, officiel, inscrit là, sur mes carnets, suivant leur caractère. Cric, avec une pince, t'es quand même obligé maintenant de leur mettre des boucles d'oreilles affreuses en plastique avec un numéro.

Cornette droite : comme une bonne sœur avec sa cornette, mais elle en possédait une seule retroussée à droite.

La Biche : elle marchait comme une dame et avait des yeux très doux.

Danseuse : elle dansait plutôt que de marcher, elle détestait plus qu'une autre les taons qui la piquaient !

Crampon : elle me suivait partout.

Fesse blanche : tachée d'une fesse, blanche de l'autre.

Cigarette : ça, je ne m'en suis pas vanté, j'ai fumé en cachette et elle a mangé mon paquet tombé de ma poche, des gauloises sans filtre.

Copine : toujours sympa avec le monde, les sœurs l'aimaient bien.

Blanche : pas tachée celle-là, une petite tache sur le museau quand même et des lunettes !

Julie : on a arrêté d'appeler nos vaches par des prénoms de personne, car un jour elle nous avait écapés en allant au taureau. On avait dû l'appeler et la vieille Julie d'en bas avait pensé que tout le village la cherchait, on avait eu un peu honte…

Molasse : ça c'est certain elle a eu une belle vie de vache, notre feignante.

La Noire : presque entièrement imprimée de taches virant au noir.

Citron : presque jaune, une rousse fade.

Long pied : elle avait de longs ergots crochus, si longs que je devais les lui couper régulièrement avec une cisaille. Le plus long de mes outils de jardin, et vlan ! je coupais et je me reculais pour ne pas prendre un coup de patte.

Balafrée : elle avait pris un barbelé dans la figure, ça ne l'empêchait pas de faire du lait !

Aveugle : en arrivant dans les Landes, enfourchée dans des piquets, elle avait ramené avec elle un beau chapeau sur ses cornes. Aveuglée, elle tourbillonnait dans le champ en meuglant. Elle s'est calmée au son de ma voix et j'ai pu lui retirer son buisson d'épines.

Chien : elle nous suivait comme un petit chien, un pot de colle, elle serait rentrée dans la maison, déjà elle bouffait dans nos poches.

Morue : elle était grasse et quand elle marchait son arrière-train se *maouvait* en tous sens. Je l'ai prise en photo autrefois et lorsque j'ai dessiné le modèle de ma girouette installée aujourd'hui sur mon étable, je l'ai choisie elle et pas une autre. Je me suis dit : au-dessus de l'étable en plein vent, quand elle me donnera le nord, emmaillotée dans ses réserves elle ne prendra pas froid.

Cul sale : je la brossais, la nettoyais tous les jours, rien à faire, depuis petit veau elle se salissait, s'allongeait dans les bouses, pas moyen de la garder propre longtemps.

Échalote : elle sentait l'oignon.

Désirée : une année on avait eu une dizaine de petits veaux, pas de génisse, alors quand on a vu qu'elle était fille on l'a appelée Désirée.

Sirène : elle mangeait les algues, le varech dans les champs !

Tête blanche : elle avait ses lunettes brunes de Normande mais pratiquement pas de taches sur la tête.

Les Deux Jaunes : deux vaches dont la robe tournait au jaune, elles étaient nées jumelles.

La Pluche : son poil pluchait comme un mouton.

Rigolote dit « Petit Chien » : ça, elle était rigolote, elle était la fille de Chien.

Léon (veau) : avait bon caractère, comme notre voisin.

Morue (veau) : le fils de Morue, *daru* (ventru) comme elle.

Rustique : on aurait dit une vache des temps anciens, tranquille mais brave.

Rosace : sa robe formait comme une rosace.

Chicorée : elle était plus foncée que les autres.

Bichette : fille de Biche.

Poilue : ça, elle avait des poils, on devait la brosser plus que les autres.

Casquette : les taches de cette normande lui couvraient la tête.

Déhanchée : elle boitait, comme beaucoup de gens ici qui avaient dès la naissance des problèmes de hanche. Ça se répare maintenant, pour les hommes, je sais pas pour les bêtes.

Cabochue : une vraie teigne, mais j'aimais les vaches de caractère.

Bibiche : fille de Biche.

Perte de vue (veau) : on le voyait à perte de vue, il était toujours barré au loin.

Dingue : elle faisait des crises de nerfs.

Rescapée : pour accoucher sa mère on avait dû s'y mettre à sept voisins, on tirait par tous les bouts, certains sur les cornes de la vache, d'autres sur les sabots du veau. Un voisin pensait « t'as perdu ta vache », un autre « t'as perdu ton veau ». Ça a duré des heures, la vache n'avait pas même un œil de reproche à notre égard. Son veau est né noir, on l'a pendu par les pieds et on l'a fait dégueuler tout ce qu'il avait avalé. Après, j'ai calé ma vache contre des bottes de foin, je l'ai un peu remise en état. On est allés manger, je savais que ça allait pas bien se passer, j'avais pas gros appétit. Les amis sont partis. Je suis allé les voir tous les deux avant de monter me coucher, ça bougeait plus, ça respirait à peine l'un comme l'autre.

Et quand, dans la nuit, d'un bond, je me suis levé en pyjama, je me suis précipité vers ma vache, à la lanterne, j'ai vu de suite qu'elle était debout en train de manger du foin. On aurait dit avec l'ombre qu'elle me faisait un sourire.

Content, je suis retourné me coucher. Avec mes grosses mains, j'essayais de remettre mes larmes qui dégoulinaient de mes yeux.

Son veau, une génisse qui nous a ensuite donné beaucoup de lait, on l'a donc appelé Rescapée.

Saucisse : maigre comme une saucisse. Un jour qu'on devait lui faire une piqûre dans un champ, mes sœurs la tenaient, l'une par les cornes, l'une par le museau. Je lui ai enfoncé l'aiguille et ça a fait comme un coup d'accélérateur. J'ai laissé partir les sœurs avec elle. Elles ont monté tout le cllos en pensant que je n'avais pas eu le temps de faire la piqûre. Je riais comme un bossu à les voir toutes les deux emmenées par la vache en furie.

Mauvaise : ah ! j'en ai pris des coups de sabot. Et ses copines, des coups de corne, mais quand elle est partie elle m'a manqué, vraiment manqué.

La Vigie : sa mère l'avait fait naître près du sémaphore, sans aide, sans rien, elle a été ma vache préférée d'entre toutes, mauvais caractère mais fidèle, donnant beaucoup de lait, certain, cette vache elle parlait aux humains. J'aurais dû la garder, je lui aurais refait un petit veau de temps en temps.

Petit Bouc, Petits-Sabots, Vieille Blanche, Rouge…

Fin de la liste le 9 octobre 2004.

Le 2 novembre 2003, deux veaux, puis la Copine et la Biche sont parties, vendues pour 1 204 euros et 35 centimes.

Petit Bouc et Petits-Sabots ont été embarqués là-haut en 2004.

Les trois dernières, la Blanche, la Vigie et celle qui ressemblait à Crampon, sont parties le 9 octobre 2004. Je n'ai pas discuté le prix et je n'ai pas voulu savoir combien mon marchand me les avait achetées, ainsi je n'ai pas su si elles partaient pour un autre élevage ou pour l'abattoir. Quelques jours avant, je leur ai fabriqué des cordes avec mes restes de pelote de ficelle, mon dernier cadeau.

Quand elles ont vu le camion elles sont parties dans le pied du champ, je suis allé les chercher quand même et je suis rentré à la maison pour me cacher, parce que mes larmes coulaient. La Vigie a gueulé longtemps, de cela je me souviendrai.

Longtemps je suis resté en moi seul, je ne me connaissais pas, alors les premières fois où j'ai vu mon film au cinéma j'ai pleuré, j'ai pleuré de mes souvenirs et de ma belle vie. Pas de tristesse, surtout pas, mais d'une vie d'être heureux avec rien.

Pendant quelques mois j'ai tourné fou en allant voir les bêtes des autres en cachette et sentir le poil des petits veaux des autres. Je regrette de ne pas avoir gardé la Vigie, elle me manque, on aurait un petit peu de beurre encore et de la crème. La crème, depuis, j'en ai perdu le goût.

DANS LA MÊME COLLECTION

Adam Olivier, *Des vents contraires*
Amouroux Henri, *La vie des Français sous l'Occupation*
Aubrac Lucie, *Ils partiront dans l'ivresse*
Avril Nicole, *La disgrâce*
Bellemare Pierre, *Les grands crimes de l'histoire*
Boileau-Narcejac, *Celle qui n'était plus*
Boissard Janine, *Histoire d'amour*
Boissard Janine, *Une femme en blanc*
Bordes Gilbert, *Le roi en son moulin*
Bordonove Georges, *Napoléon*
Bourin Jeanne, *La chambre des dames*
Cesbron Gilbert, *Chiens perdus sans collier*
Chapsal Madeleine, *Le foulard bleu*
Charrière Henri, *Papillon*
Clavel Bernard, *Meurtre sur le Grandvaux*
Connelly Michael, *Le Poète*
Connelly Michael, *Echo Park*
Deforges Régine, *La bicyclette bleue*
Delpard Raphaël, *Ils ont vécu dans l'Algérie en guerre*
Diwo Jean, *Le printemps des cathédrales*
Dorin Françoise, *Les vendanges tardives*
Drucker Michel, *Mais qu'est-ce qu'on va faire de toi ?*
Dubos Alain, *La mémoire du vent*
Duperey Anny, *Allons voir plus loin, veux-tu ?*
Duperey Anny, *Les chats de hasard*
Duperey Anny, *Une soirée*
Duquesne Jacques, *Marie*
Fischer Elise, *Les pommes seront fameuses cette année*
Frain Irène, *Secret de famille*
Gallo Max, *La baie des Anges*
Giraudeau Bernard, *Le marin à l'ancre*
Gray Martin, *Au nom de tous les miens*
de Grèce Michel, *La femme sacrée*
Hébrard Frédérique et Velle Louis, *Tant qu'il y aura des chats ... dans une famille*
Higgins Clark Mary, *Une seconde chance*

Higgins Clark Mary, *La maison du clair de lune*
Higgins Clark Carol, *Bien frappé*
Indridason Arnaldur, *La cité des jarres*
Jacq Christian, *La franc-maçonnerie*
Jacq Christian, *La reine soleil*
Japrisot Sébastien, *Un long dimanche de fiançailles*
Jeury Michel, *L'année du certif*
Laborit Emmanuelle, *Le cri de la mouette*
Le Carré John, *Notre jeu*
Lenteric Bernard, *Les maîtres du pain*
Magnan Pierre, *La maison assassinée*
Malroux Antonin, *L'enfance inachevée*
Mankell Henning, *Les chiens de Riga*
Mankell Henning, *L'homme qui souriait*
McKinley Tamara, *Éclair d'été*
Michelet Claude, *Les défricheurs d'éternité*
Michelet Claude, *Rocheflame*
Michelet Claude, *Histoires des paysans de France*
Mille Raoul, *La Belle Otero*
Miquel Pierre, *La Grande Guerre au jour le jour*
Montagné Gilbert, *J'ai toujours su que c'était toi*
Montupet Janine, *Quatre saisons parmi les fleurs*
Dr Moody Raymond, *La vie après la vie*
Murakami Haruki, *La course au mouton sauvage*
d'Ormesson Jean, *Voyez comme on danse*
Pancol Katherine, *Encore une danse*
Pelissier Patrice, *L'ange et le loup*
Peyramaure Michel, *Le bal des célibataires*
Provis Martine, *La soupe aux cailloux*
Ryan Cornelius, *Le jour le plus long*
Segal Erich, *Love Story*
Shariff Samia, *Le voile de la peur*
Signol Christian, *Mes romans de l'enfance*
Signol Christian, *Les chênes d'or*
S.S. le Dalaï-Lama, *Conseils du cœur*
Tatilon Claude, *La soupe au pistou*
Vincenot Henri, *La Billebaude*
Wieviorka Olivier, *Histoire du débarquement en Normandie*
Williamson Penelope, *La passion d'Emma*

Mise en pages :

Patrick Leleux PAO

14000 Caen

Imprimé en France par

CPI
BUSSIÈRE

à Saint-Amand-Montrond (Cher)
en décembre 2014

Dépôt légal : janvier 2015
N° d'édition : 2015-01-0
N° d'impression : 2013180

ISBN : 978-2-36559-101-0

Imprimé en France